# 言語思考技術ハンドブック

林　　治郎
岡田　三津子

晃　洋　書　房

# はじめに

## （一）

本書は言語思考技術を習得するためのハンドブックである。

本書は、前著『言語表現技術ハンドブック』の続編として書かれた。その際に【「事実」と「説明」を基本において言語表現技術に的をしぼった点】に重点をおいて書いた、と述べた。

本書ではその延長にたち、さらに深く言語表現技術を習得し、言語によって世界を捉えるための言語思考技術を理解し活用できるようにした。

言語を用いずに思考することのできる部分も世界には多くある。しかし、言語でしか思考できないことが多くあることもたしかだ。

言語による思考を理解するにあたっては、前著以上に、より理論的考察が必要となる。その理由を以下に述べる。

車の自動変速機を例として説明する。オートマチック車を運転するのには変速機が、どのような働きをするかを理解しておく必要はない。オートマチックの場合、運転者はマニュアルの仕組みとの違いやエンジンの特性のことを知らなくても運転できる。しかし、オートマチック変速機を開発し設計する者は車のエンジンの特性を知り、変速機とエンジンの仕組みに関わる理論と技術を知る必要がある。言語表現技術の理論を知り、その上で、新たに言語による思考の可能性を探求する者は、車の開発に携わる者と同じ立場にたつ必要がある。単なる運転者の立場で気楽に車を操ってはいけない。開発者の立場から車への理解を深め、車を設計するつもりでいなければならない。

本書を読む「権利」は万人に開かれている。しかし、文章の設計者として、言語による思考を通して、実際に言語表現技術を得た上で、本書を活用するためには、理論を理解する「義務」が必要であろう。理論を通して「言語思考」がどういうものかを理解して、はじめて言語思考技術に繋がるからである。

何もないところからオートマチックの変速機は生まれない。エンジンの特性に合わせて、マニュアルで変速した車があって、それを改良し、オートマチック車は生まれた。その歴史を知らずに、いきなりオートマチックを開発設計することはできない。

言語の歴史や言語と映像や音楽との違いを知り、「ひらめきや思いつき」と「言語による思考」との違いを理解して、言語思考技術の理論を得ることが、本書において重要である。

また、前著において得られた「言語表現技術」を応用し、より分かりやすい文章をどう書けばよいかを明らかにすることも、本書の目的の一つである（第Ⅱ部実践編・第Ⅲ部演習編を参照）。

## （二）

「考える」については、『言語表現技術ハンドブック』の「はじめに」と同じ方向で書かれており、かつ重要な点であるので、以下に再録する。

一般に「考える」という時には、発想法・ひらめき・思いつき・アイデアなども含まれる。しかし、ここでは、それらの必要性は認めるにしても、あえて扱わない。本書の「考える」の根底にあるのは、以下の三点である。

①漠然と頭の中で考えるのは自分の内に向かってやる徒労の行為でしかない。他者に向かって開かれた事実を調べるなかに、考えることの出発点がある。

②文章における「独創性」とは事実を十分に調べた後に、その不要な部分を捨て、説明するための構成の順序に辿《たど》り着く過程である。世界について多くの材料を集めて今まで知らなかったことへの理解が深まることが、考えることの始まりだ。そののち言語表現技術によって世界を新たな目で見直したり、新たに分類できる独創性が身につけられる。

③「考える」とは、自分の立場を他者に向かって明確に説明できることでもある。文学作品は自己の内部に対する思いが発現したものである。結果として、他者もその作品に触れることにはなるかもしれない。しかし、他者に対しては基本的に開かれてはいない。「文学的思い」は本書の「考える」とは相容れない。言語表現技術はあくまで他者に開かれた文章を扱う。自己と他者の間にある事実を問題とするからだ。

## (三)

本書は次のような人々に向けて書かれている。

『言語表現技術ハンドブック』を読み、さらにより深く考えようとする人。

「事実」と「説明」をより深く考えようとする人。

考える技術に興味を持ち、さらにより深く考えようとする人。

文学や小説ではない世界に、別の興味があり、さらにより深く考えようとする人。
自分は文章が苦手だと思いこんでいるが、さらにより深く考えようとする人。
人の気持ちを推測するより理屈が大事だと思い、さらにより深く考えようとする人。
画一的な考えに陥ることなく、さらにより深く考えようとする人。
人それぞれの立場をどう説明するかについて、さらにより深く考えようとする人。

こういう人たちに言いたい、あなたは正しいスタート地点にいる。こういう人たちこそ言語思考技術の獲得に向いている、のだと。あなたは「考えがあれば文章になるはずだ」「考えがないだけで文章は頭の中にできている」という迷信から自由であるからだ。

言語によって思考するならば、感性に頼って自己の内面や心を文章の目的としてはいけない。そういう文章はハタ迷惑である。他者の心によりかかり自分を振り回すことは、当人のたんなる気晴らしにしか過ぎない。本書の精神に反する。

前著の【はじめに】で述べた心構え（もしくは精神）は本書の言語思考技術にも継承されている。再掲しておく。

言語表現技術は、自分の調べたことや作ったものなど、自己の行為の結果を説明するためにある。ただし、自分を振り回さず、他者に負担をかけるべきではないという心構えは必要である。この場合、心構えそのものをことばで伝えるのではない。他者に読んで貰うという配慮を、書く以前に抱くことが出発点となる。言語表現技術には最初からその心構えが含まれていることを忘れてはいけない。

## （四）

本書はまた日本語は特殊ではないという立場に立脚して書かれたものだ。人類が同じ文化を持っている一つの種であることは自明である。同じ人類としてどの言語も等しく同じ論理的構造をもっている。日本人の情念や日本人の言葉への美的感受性の特殊さが強調される本が多い中で、本書のような言語思考技術や言語表現技術を中心においた本が、今こそ必要ではないか。日本語は決して論理に適さない言葉ではない。感性や価値観が多様化し地球が一つになりにくい現代において、人類文化の同一性を目指すことは必要であろう。論理や説明のために日本語（地球上のすべての言語も同じだが）をどう使うかという「言語思考技術」はますます必要になるだろう。

文明と文化の相違をはっきり区分する場合もある。精神文化と物質文化のように。しかし、本書では文化と文明の重なる部分を重視する立場を取る。コンピュータ本体はハード（文明といえる）と呼ばれ、それを動かすプログラム（文化といえる）はソフトと呼ばれ区別される。ただし、二つが揃わなければコンピュータは動作しない。文化と文明は二つで一組として、人類に意味があると考えた方が良い、という立場から「文化」という言葉で文化と文明を一つのものとして世界を見るわけだ。

## （五）

なお、本書には『言語表現技術ハンドブック』演習についての言及が何度か出てくる。これは単に解答を示すものではなく、言語思考技術と関連する考え方との関連を述べたものである。

さらに演習の解答例も「絶対の正解」ではないことにも留意して欲しい。前著に続いて本書でも、答えが様々にあることを演習の狙いとしている。

一つだけの正解などはない。多くの正解を目指して生きることは、よりよい人生には必要だろう。

# 言語思考技術　提言

一　本書は『言語表現技術ハンドブック』を習得した読者を前提としている。
二　本書では、言語による思考と事実の記述の理解を第一の目的とする。
三　言語による思考技術はひらめきやアイデアや思いつきとは異なる。
四　相手を説得できる文章を構成することが言語思考技術の第一歩である。
五　言語による思考技術の目指すところはより良い説明である。
六　ただし、より良い説明の仕方に辿《たど》り着くためには、多方面からの論理的思考によって結論へと向かうための技術が必要だ。
七　ここでいう論理的な思考とは、言語による事実の説明によってのみ可能となる。
八　論理的思考とは言語によるひとまとまりの内容が頭の中に描けることだ。
九　言語思考技術は社会における言語の役割を第一と考えるところから出発している。

十　言語思考技術は考える側の地道な忍耐と手間暇を根底とする。

十一　自分の内側に向かって、自分のために考えるのに技術はいらない。

十二　外側に向かって、見知らぬ他者に理解してもらうためにこそ言語思考技術が必要となる。

再掲　**言語表現技術への提言**

『言語表現技術ハンドブック』より

一　本書では、わかりやすく事実を説明する文を書くことを第一の目的とする。
二　感情表現や扇動やうわべの説得を目的とする言語表現は本書では扱わない。
三　感想文や思ったままを書く作文も本書では扱わない。
四　説明する相手を尊重することが言語表現の第一歩である。
五　事実は一つしかない。しかし、説明の方法はたくさんある。
六　ただし、多くの説明のうちから相手になるべく負担をかけない説明の仕方にたどり着く技術が必要だ。
七　論理的な意見とは、事実の説明を十分につくした後に、述べるものだ。
八　言語表現技術は事実の十分な説明のために不可欠なものだ。
九　言語表現技術を習得するためには本書に書かれた原則を守ることが必要である。
十　言語表現技術は繰り返しの訓練によってのみ手に入れることができる。
十一　相手にわかりやすい文章を書くためには、書く側の忍耐と手間暇がいる。
十二　自分に向かって文章を書くためには言語表現技術はいらない。見知らぬ他者に理解してもらうためにこそ言語表現技術が必要となる。

# 目次

## 第Ⅲ部　演　習　編



## 第Ⅳ部　応　用　編

本書の本文中の「原則」などの注意、練習問題、演習問題、表および付録などについては、一部を改変したとしても、全体に類似している場合は、講義・講習などの目的で、複製し不特定多数に配布することを禁じます。引用の範囲を大きく逸脱している場合も含まれます。

いずれも著作権法に抵触しますのでご注意ください。

言語表現技術の会

# 第Ⅰ部

# 理　論　編

## 【理論編　はじめに】

思考によってのみ可能な「言語思考技術」の基本と理論の根底を五章に分けて説明する。

# 1 存在しないものに名前はつけられない

## ① 言語は文化そのものである

英国人は歩くのが好きだ。歩くことは彼らの文化そのものだ。彼らにとっては歩くのが権利だと思っているかのような部分もある。個人の所有地でも、住宅地でない限り、農地を散策もしくはトレッキング（本来は山歩きをさすが、ここでは平地トレッキングという意味で使う）のためなら、平気で人の所有地も歩く権利があると考えている節がある。住宅地でない野原には、羊や牛などの家畜が放牧されている場合がある。しかし、それでもそこには歩く道がたいてい設けられている。

三谷康之は英国を「歩け歩けの国」という形で紹介した。（注1）「散策を楽しむための歩行者専用の道で、しかも公の道というのを〈パブリック・フットパス〉（public footpath）という」と述べ「こういう道の距離を合計しますとイングランドおよびウェールズ内ではおよそ十六万四千八百キロメートル」にもなるという。日本の遊歩道などとは規模も内容も著しく異なって「要するに、歩くことを楽しむ人が、歩くことを公に認められている〈歩き道〉にほかならないのです」とも述べている。以下に、日本には存在しない stile を紹介している部分を引く。

しかしながら、この散策用の小道も時として、いえ、しばしば、行く手をさえぎられることがあるのです。

どういうことかといいますと、放牧場や畑地などの境界を示す囲いとして、石垣や生垣が使われています。そうして、そういうもので比較的小さく分割されていた土地などを、近代農業の導入で、大きく広い土地に分割し直す際に、それまで垣の外側に沿って通っていたこの歩行者専用の道が、垣ともども取り払われて、新たな区画の土地の内側に取り入れられることがあるのです。その場合でも、元の道のあったところは、あくまでも〈通行の権利〉が認められているのです。そこで、道を切断する垣を踏み越えて渡るようなものが考案されたのです。

これは〈スタイル〉（stile）と呼ばれます。

大抵は木や石で低い階段状につくられています。これを備えておくことで、放牧場の牛や羊には不可能ですが、人間だけは、出るにも入るにも乗り越えて進むことができるという次第です。

何故木戸のようなゲート式にしないのかといいますと、ゲートにしますと歩行者が出入りの際に、扉をちゃんと閉めないままで立ち去ることがあって、家畜が逃げ出す恐れが生じるからなのです。

この後に筆者撮影による写真とともに様々な stile を紹介している。無理に訳せば「踏み越し段」となる。しかし、この翻訳では stile の向こうにある歴史上の本質は見えてこないだろう（本章末の写真および図参照）。

また、重松敏則と入倉彩は「踏み越し段」について、次のようにも報告している。

（前略）総延長十四万㎞に達する英国の自然歩道システムと維持・管理の実態について調査した。通行権（Right of Way）は歴史的な慣行として存在したが、一九四九年に法律で規定され、一九六八年法でほぼ確立された。

さらに、管理上の主な規定の一つとして「ルートが農地や放牧地の境界を横断する地点では、地主は境界柵や生け垣、石垣を乗り越えるための踏み越し段、あるいは門扉を設け、利用者の通行に支障をきたさないよう維持管理しなければならない。」と言う。(注2) ここでも stile は写真とともに紹介されている（本章末の写真および図参照）。

同時に、中にいる家畜を外に出してはいけない、という「義務」も利用者には生じていることも忘れてはならない、という指摘もしておく。

日本の自然歩道が、地主との対立の構造はなく国や自治体が中心となって推進してきたその歴史と比較し、小田高史は次のように述べる。(注3)

（英国では）近代化とともに多くの人々が農地から都会へ移り住むと、余暇には美しい自然景観の中でリフレッシュしたいという欲求が高まり、地主に対して散策する権利、長い歴史のある道の使用権を主張し勝ち取られてきた。

右記のように異なった文化的背景と歴史の中で生まれた言葉は、実物のないところでは「写真や絵」で説明するしかないものだ。前著『言語表現技術ハンドブック』言語の「分節性」の項で述べたように、文化が異なれば生まれないものには名前の付けようがないのだ。同時に「権利」「義務」についての考え方も大きな違いを生む。

さらに先の小田高史は、前に記した文に続けて、次のようなことも付け加えている。「今でも地主に反対されることなく二〇年間使い続けた実績があれば、パブリックフットパスとして認められる制度があるので、毎年フットパスの数は増え続けているという。」

権利としての通行権が生じれば、地主の側に「利用者の通行に支障をきたさないよう維持管理」をする義務も生まれる。日本ではお上（政府や自治体）に維持管理を任せ、向こう任せの与えられた「遊歩道」なるものになってしまう考え方が生じる。英国のようにRight of Wayという「散策する権利」や「道の使用権」を主張する考えは出てこない。権利は勝ち取るものだという考えがない。「権利の上に眠る者は民法の保護に値しない」という西洋流の法律観は、日本では現実には定着せずに、単なるお題目になってしまう。

stileを踏み越し段とか踏み段と訳すことだけからは、異文化を理解することにはならない。事実として存在しない価値観を伴ったモノの存在しないところで、名前を付けることはできない。

単に歩くのを楽しむ道がフットパスではない。public footpathはstileと一つの組み合わせで、英国の文化風土の中にある「権利や義務」という考え方に繋がるのだ。

「stile」という考え方の背後には「言語思考技術」の基本ともいえる重要な要素の一つが存在する。通行者と地主の価値観の対立を伴った具体的なモノである「stile」の存在しない世界では、そのモノに関する言語による思考は不毛となる。日本人の「遊歩道」には「権利や義務」という抽象的な思考を介在させることはできない。stileを「踏み越し段」とし、public footpathを「遊歩道」や「自然歩道」と翻訳することはできても、その文化の相違に踏み込んだ説明にはならない。

言語はその地域の文化の本質も表すものだ。

## ② 言語の発生と名を付けること

言語の発生は学問的に跡づけることは困難である。

開高健（一九三〇～一九八九）は小説家らしい想像力から、言語の発生について一つの仮説を紹介している。(注4) 元は講演なので、要約して以下に示す。

ライオンという言葉を発明した男はモノスゴい。目の前の混沌の塊がライオンという言葉によって、人間の意識の中で、ただの四つ足のケモノに変わる。ライオンという言葉がなくて苦しんだ男は、自分の発明した言葉によって恐怖を克服できた。このように人間は世界を克服するために無数の言葉を編み出した。さらにモノスゴい発明は「夜」や「火」という強烈な言葉を作ったことだ。勿論一人で発明したわけではなく、多くの人々と共に発明したのであろう。言語の本質の一部は「夜」や「火」にたち向かう力を与えてくれた。

怖いものに名を付けることで、人間は未知のものへの備えを可能とした。

正体がわからないものでも、名前を付ければ、一安心できる。少なくとも部族の内部では、その未知のモノ・不安を生じさせるモノあるいは人知《じんち》を越えたモノを、自分たちの敵や恐怖や畏怖すべき対象として明確化できる。この場合は、直截《ちょくせつ》の防御はできなくても、概略が分かれば、それについて「言語化して」思考することで部族内で、一体化した安心感が生まれるということだ。

さらに、正体のわからないものでも言語によって名を付け、事実としては存在しないモノを想像で作り出して、一安心することもできる。日本では正体の分からない怪物に「鵺《ぬえ》」という名前を付けたことがあった。『三省堂国語辞典』には「頭はサル、からだはタヌキ、手足はトラ、尾はヘビに似ているといわれる、想像上のけもの」（傍点は筆者）とある。これも未知のモノへたち向かう、という意味ではライオンと同じに見える。しかし、ライオン（夜も火も同じだが）は現実に存在したとしても、鵺は想像の産物で現実には存在しない。たとえ絵画で、いくらリアルに描こうと現実ではない。実際に見たと主張しても、鵺の存在は「事実の記述」[注5]とはなりえない。無から有が生じたのではなく、無に対して「存在するかのような」現実を作り出しただけだ。絵は事実として存在する。しかし、描かれたモノは、一人の画家によって想像された現実であり、その事実を確かめることはできない。

想像したモノに名前を付けることと、現実に存在しないモノに名前を付けることは異なる。想像は絵という形を取って文化となり人々の間で共有される。現実は言語によって名前を付けられたときに、初めて文化となり、社会の中で、人々の間で確認され共通の認識を生む。

**注**

（1）『イギリス観察学入門』丸善ライブラリー、一九九六年。

（2）「イギリスの自然歩道システムとその維持管理について」『造園雑誌』五七巻（一九九三年）五号。

（3）「英国フットパス紀行」日本フットパス協会（二〇〇九年九月二三日）。
（4）『地球を歩く』新潮社（CD二枚組のうちの一枚「東京紀伊國屋ホール・一九七二年四月七日収録」）。
（5）「事実の記述」についての詳細は、前著『言語表現技術ハンドブック』および本書第三章「実践編」参照。

＊参考までに以下に開高健の講演の続きの一部を記す。この箇所は「文学・小説」に関わる部分である。本書の趣旨には合わないので、本文には入れなかった。しかし、現代の小説家が暗中模索で文章と戦っている姿は明確だろう。戦う小説家の姿は感動的かもしれない。しかし、その文章の書き方は言語表現技術や言語思考技術の向かっている方向性とは明白に異なることを強調しておく。

かつて現実に立ち向かった言葉の力は幻覚かリアリズムなのかはわからない。（筆者註、現代になり）現実に対応した言葉が、自己展開し増殖を始め過飽和となった。現実には存在しないのに、言葉そのものが「現実」になった。その混沌から逃れられなくなった小説家は名状しがたい苦しみを持つことになる。言葉に置き換えて満足できなくなった。ここから（筆者註、現代の）小説の文章の第一歩が始まる。

＊スタイル資料　各種の写真や図を載せたのは、英国人の多様性を理解してもらいたかったからである。stile は画一化されたモノではない。もっと多くの例をネットで見ることができる。

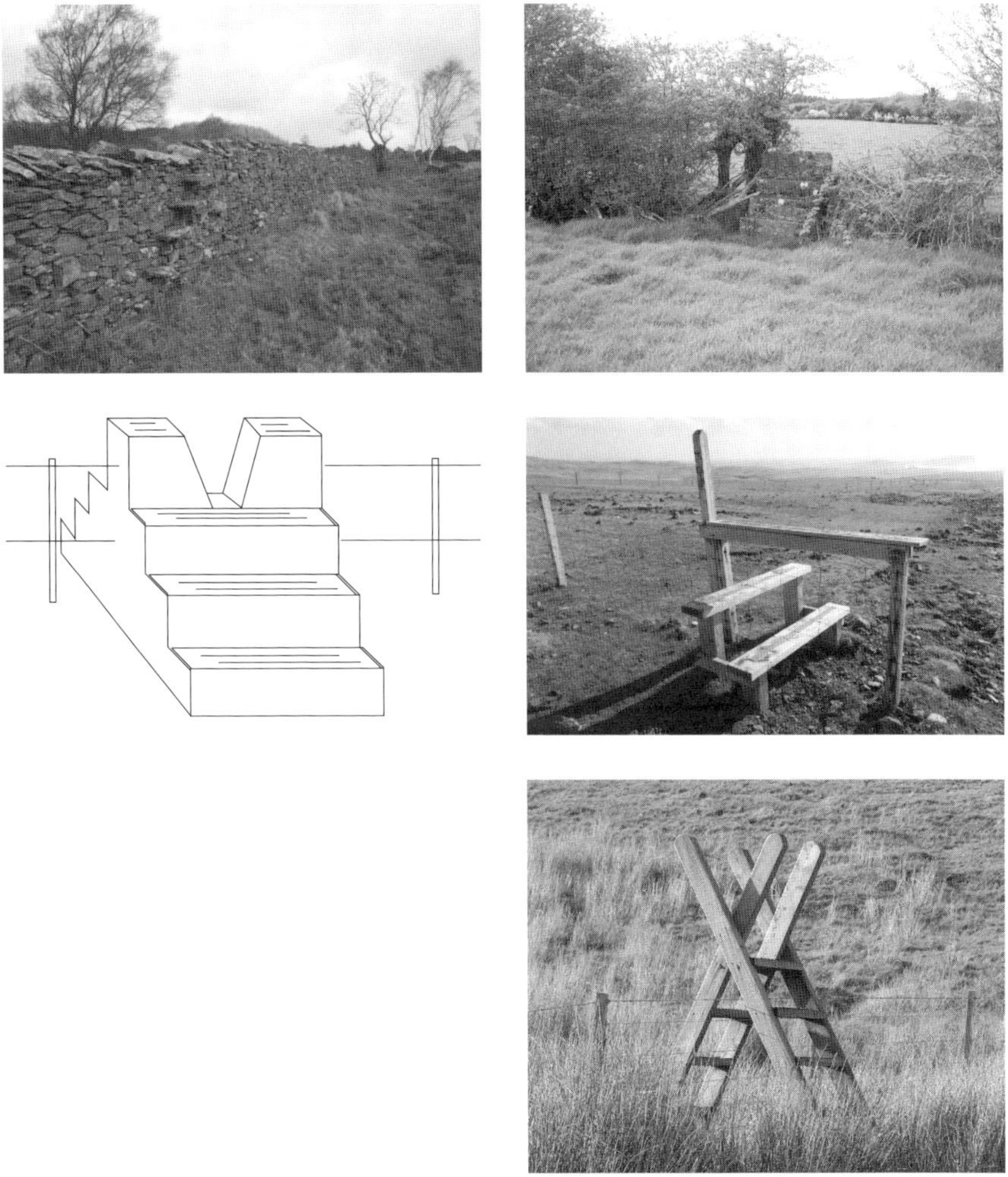

Wikipedia“stile”の項（英語版）より転載。

# 2 写真は真を表すモノか

① ウソ

絵画の歴史を辿《たど》ってみよう。現実を映し出す手段として、その実物を知らない人々に忠実に伝達するために、発展してきた写実絵画（銅版画を含む）は、写真の発明（一八二六年。紙にプリントしたものは一八四七年）とともに衰退した。リアルさでは写真に勝てなくなったからである。絵画は実際に見えるモノから離れた印象主義や現実から離れたモノで構成される抽象主義への方向に歩み始める。写真こそが実物を忠実に写せる手段と認識されるようになった。

次の二つの写真（南伸坊『笑う科学』筑摩書房（ちくま文庫）、一九九一年）を見てほしい。写真が古いので写っているタバコの「ハイライト」は今とは図柄が異なる。今のハイライトの大きさから考える必要がある。

ⓐには「世界一巨大なウズラの卵」、ⓑには「世界最小のネコ」という説明がある。

南伸坊本人のコメントには「合成写真」ではないとある。実物をそのまま撮ったモノなのである。この二つの写真はウソではない。

この写真を見せて学生諸君に考えさせると、「信じられない」という答えがほとんどである。写真は真を示すという一般的な認識と異なることに戸惑いを感じるようだ。そこで、二つのタバコの「ハイライト」は同じ大きさではないと言うと、ある程度納得して考える者が出てくる。

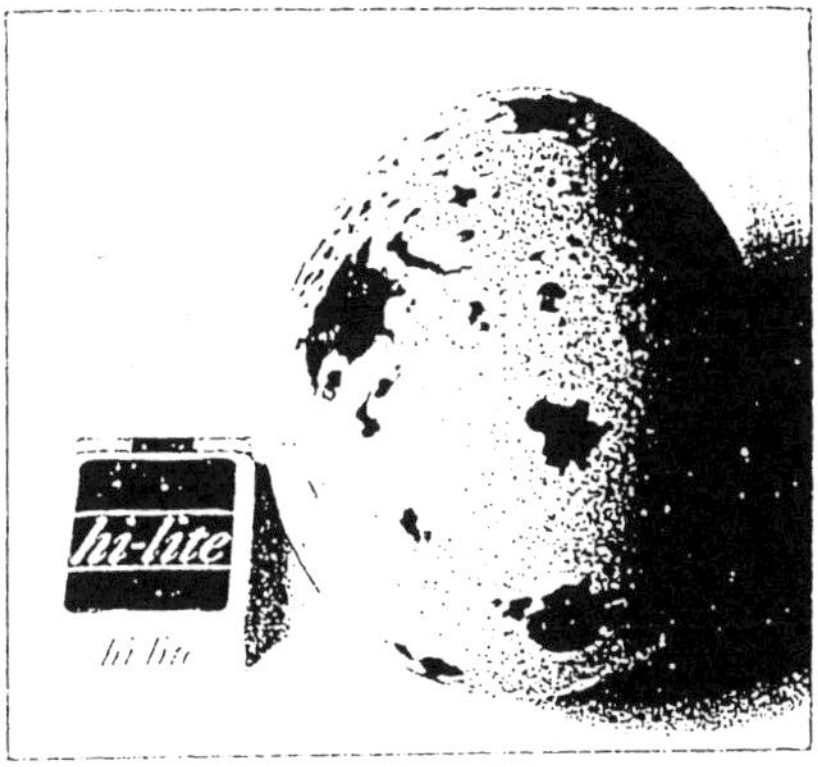


ⓐ　世界一巨大なウズラの卵

ⓑ　世界最小のネコ

その後、以下の説明をする。

この場合の「実物」とは「ハイライトのタバコ」そのものではない。ⓐは極端に小さく作られた模型であり、ⓑは極端に大きく作られた模型なのだ。逆に言うと、大きさの異なる二つのハイライトの模型を同じ大きさに見せることで、「世界一巨大なウズラの卵」と「世界最小のネコ」が本当に存在しているように見える。実はウズラの卵もネコも普通の大きさなのである。それぞれの写真に「世界一巨大なウズラの卵」という説明と、「世界最小のネコ」という説明が加えられたことで、現実にあり得ない世界が現れる。写真は真を写しているのに、言語がウソを表現していることになる。

一つの写真に三つのタバコ（二つはもちろん本物であるが）の「ハイライト」が写っていれば、タバコの大きさが三種類あることに、人はたやすく気づくことができる。

### ②　価値観

人は見慣れた大きさのモノの写真を目にすると、別々の写真であっても、それぞれの写った対象（先の場合は大きさの異なるハイライト）を同じ大きさだと思う。頭の中にある「絶対的な基準」は容易に変えることができない。私たちは知らないうちに、ある基準を持って世界を見ているのだ。

江戸時代の落語に『千両みかん』という話がある。千両は今の貨幣価値だと三〇〇〇万から四〇〇〇万円ぐらいになろうか。落語は演者によって細部が異なり、また同じ演者でも口演毎に変わる場合がある。以下では、古今亭志ん生（一八九〇～一九七三）により、その話の概略と現代風の補足をして載せる。

＊

ある大きな商家の跡取り息子が原因不明の病気になる。死ぬかもしれないほどの重病であり、医者は「何か人に打ち明けられない、重大な悩みがあるのだろう。その悩みが晴れたら病は回復する」と言う。主人はその原因を探ろうとして、番頭なら二十年以上自分の息子と過ごしてきて、気心が知れているだろうから、悩みを打ち明けるはずだと考える。番頭は若旦那（息子）のところに行き、悩みを聞いてその原因を取り除いてやろうとする。若旦那は「実は、ミカンが食べたい」という馬鹿馬鹿しい悩みを打ち明ける。そんな悩みなら容易なことだと、番頭は安請け合いをする。主人のところに戻り報告すると、主人は「今は夏の盛りでミカンなんぞは手に入るわけがない。お前が安請け合いをしたのがいけない。せがれ（息子）の病がひどくなって死んだらお前の責任だ。責任をとってもらおう」（注1）と脅す。当時は冷蔵設備もなく、真夏にミカンが保管されているところはない。しかし、番頭は責任上、江戸中を探し回る。何処にもあるはずはないが、一軒だけ大きな問屋が、万一の時のために箱詰めにしたミカンを土蔵いっぱいに保存している。箱をすべて開けてみると、一つだけ大丈夫なモノが見つかる。「ただし、高いよ。千両だ」と言われた番頭は帰って主人にその話をする。主人は「安い、せがれの命が助かるなら、安いものだ」と買いにやらせる。ミカンを持って帰って若旦那に渡すと、十袋あるミカンの七袋を食べ満足する。残りの三袋をお父さんとお母さんとおばあさんにあげて欲しい、と番頭に渡す。それを主人に届ける途中で番頭は考える。「年期（奉公期間）が明けても（退職金は）せいぜい多くても三十両だ。ここにあるミカンは三袋で三百両だ」と、三袋のミカンを持って行方をくらました。

＊

ミカンは一つ（一〇袋）で千両した。しかし、主人には息子の「命」と引き替えになる価値があったから、それに千両の出費をしたわけだ。元気になった若旦那の食べ残した三袋のミカンは三百両の価値を失った。番頭は主人の価値観に引きずられて、三百両という「言葉」に惑わされて、自分の価値観を失ってしまった。

①で述べたウズラの卵やネコの大きさと同じように、言語に引きずられると、人間の頭の中にある価値観は惑わされてしまう面がある。

### ③　言語と図像の違い

ここに大層高価で上等のウィスキーが一瓶ある。半分になった場合を考える。

気に入った友達と一緒に飲んで半分になった場合は、「まだ半分もある」と考える場合が多いだろう。楽しく二人で飲めたのだから、まだこれから、半分も飲めて嬉しいと、するのが普通だろう。

嫌な知り合いがやってきて、仕方なくその上等のウィスキーの封を切って飲まなければならない場合は、「もう半分になった」と考えて、がっかりすることが多いはずだ。

もう一方で、ここに大層安物のウィスキーが一瓶ある。嫌な知り合いがやってきて、飲み始めて減っていき、まずいウィスキーはもうたくさんだ、半分も減ってよかったなあ、と考えれば、「もう半分になった（ほっとした）」ということになる。

気に入った友達と一緒に飲んで、もっと飲みたいが、まずいウィスキーはもうたくさんだ、と思った時には、「まだ半分もある（早くなくなって欲しい）」ということにもなる。

さらに次のような場合もある。一人で気に入りのウィスキーを飲んでいて、半分になった時のことだ。残りを見て「まだ半分もある」と安心する場合と、もっと飲みたいので「もう半分になった」とがっかりする場合があるだろう。

半分の瓶を図像で示すと一通りしか表現できない。一方、言語では様々な説明が可能となる。図像で、ウィスキーが一瓶あって、半分になった場合を表すことは容易だ。しかし、場面の詳細や考えを表すのはかなり難しい。逆に暗示的に見ている人に訴えるのには適している。暗示的に、一人で気に入りのウィスキーを飲みたくなるような例としては、半分の瓶一本の写真に「まだ半分」と「もう半分」という二つのキャッチコピーを並べた、有名な英国の某ウィスキー会社の広告がある。

一方で、文章はそのときの条件（ある種の場面や文脈）を詳しく書くことに向いている。暗示するより説明が重要な要素となる。

図像としては同じ半分である。しかし言葉としては「まだ半分」と「もう半分」では全く違う。図像はある面で中立的な価値を表すだけだ。受け手の側に自由度がある。

言語ははっきりと全体との関係や価値観を表現する場合がある。送り手はその分内容の説明に自覚的で色々気を遣わねばならない。忍耐と手間暇が必要である（「言語思考技術への提言　十」および「言語表現技術への提言　十一」を参照のこと）。

## ④　言語と絵文字と記号の違い

日本で東京オリンピックが開かれた時（一九六四年）に、世界（万国）の人に通じるようにと共通の言語の代わりにピクトグラム（絵文字）が使用された。絵だけで指示する内容を表そうとした。トイレの男女の区別は比較的有名だから、現在では、あの絵を見てトイレとして認識するのが普通だろう。ただし、明確な指示であるかどうかは別問題である。筆者は福岡に行った時に、博多駅南口のビルの三階か四階の窓に、あの男女の絵を並べて貼ってあったのを見た時には、あんな所に公衆トイレがあるのを、わざわざ何で道行く人に示すのかが不思議だった。ただし、よく見ると横に○○結婚相談所という看板が出ていて、ああ、男女が出会う場所という意味で使っているのかと、納得した。しかし、一般的な絵文字の使い方ではないし、あの絵だけで結婚相談所を示すのは無理であろう。

絵文字は理解しやすいというが、③で述べたように誰もが一つの価値観で見ることが困難な場合もある。別の例を挙げよう。天気予報には傘のマークというものがある。はじめは開いた傘の図柄だけだったのが、最近は半分閉じた図柄や、斜めに雨らしき点線が入っているものも登場している。ある程度類推して、小雨だとか大雨だとか分かるけれども、明確ではない部分もある。天気予報でないところで見ると、傘のマークは傘屋の看板も表せる。先の結婚相談所の場合と同じだろう。

さらに、文化との関連ではもっと話はややこしくなる。

文化には上下はない。それにもかかわらず、文化は強者（上位にいる）から弱者（下位にいる）へと広がる面がある。経済的あるいは軍事的に上位にいる者の文化が支配権を持ち、「絶対的価値観」を下位にいる者に強制する傾向がある。英語は言語学的（文化的）に優れているわけではない。しかし、共通語としての地位を今日の世界では持っている。それは、かつて英語圏の国々が力関係で上位に立って植民地を持ち、その地域に元々いた人々に英語を強制したからに他ならない（詳しくは鈴木孝夫の諸著作を参照のこと。特には『武器としてのことば』新潮社（新潮選書）、一九八五年。『閉ざされた言語・日本語の世界』新潮社（新潮選書）、一九七五年）。

絵文字の例としてはレストランのピクトグラムを挙げよう。ナイフとフォークが交差したものが代表的である。しかし、世界には「手で食べる」地域もあるし「箸で食べる」地域もある。無意識の西洋崇拝と西洋を普遍的と考え、絶対的な価値と考えるから、あのような図柄になっただけである。

記号となると、話はまた別の展開がある。

A・B・Cという区別がある。成績などではAを上位とする。ランチの値段の場合は、それに倣ってAが高くて順に安くなるところが多い。ただし、Aを安いものとし、B・Cの順に高くなる店もある。本来A・B・Cには順位付けする意味は何処にもないし、辞書の最初の文字が上位を意味することはない。これはどちらが、より上位であるかというコード（約束事）を先に示しておかないと誤解を生む。

記号と絵文字の中間的な「ケータイの顔文字」や「パソコンのアイコン」などの特殊なピクトグラムとなると、話はもっと交錯する。前者は趣味や性向の一致する仲間ウチの隠語のようなモノだし、後者はパソコンのある部分の一面的知識に支えられた仲間ウチの略語のようなものである。仲間ウチの伝達には十分であっても社会的コードの存在は曖昧である。

先にピクトグラムの例として挙げた「ナイフとフォークが交差したもの」はNTTドコモでは「レストラン」と定義しているが、Webページでは「飲食店」「ご飯」「食事」「飲み屋」「レシピ」など多岐にわたって使われている。「誕生日」はNTTドコモでは「三本のろうそく」の図柄で表し、auやソフトバンクモバイルでは「三本のろうそくの立ったケーキ」で表している。また、同じ図柄が単に「ケーキ」を表す場合もある。

絵文字や記号はある社会環境でのコードが厳密でないと誤解を与える。

言語には文脈というものがある。その分、面倒ではある。しかし、そこをうまく活用し価値観をきちんと説明できることが、言語思考技術の第一歩ともいえる。

**注**

（1）ここで主人は次のように番頭を脅す（要約のうえ注釈を加える）。

息子（若旦那）は、私同様お前にとって主人にあたる。その息子は、お前の安請け合いのせいで、みかんを楽しみにして少しだけ元気になった。しかし、みかんが食べられないとわかれば、がっかりして死んでしまうだろう。息子が死ねば、安請け合いをしたお前の責任だ。それはお前（番頭）にとっては主殺しに相当する。息子が死んだら、番頭を「召し連れ訴え」（主人が自分の店の者を引き連れて訴えること）をする。お前は「主殺し」の罪となるので、死刑（磔《はりつけ》）になるぞ。死刑になりたくなければ、何としてでもみかんを探してこい。

# 3 カンや技術は言語による思考とどう関連するか

## ① カンとは経験の積み重ねである

カンとは、経験した本人は分かっているのに、他人には説明しがたい何かである、と言ってしまうと、この本の趣旨には合わないだろう。カンによって得られた経験の結果をいくら詳しく説明しても、他者には通じない。ただし、天才的なカンを獲得する過程には説明可能な部分もある。

岸久《きしひさし》（一九六五〜）というバーテンダーがいる。「ＩＢＡ世界カクテルコンクール」で日本初の世界チャンピオンとなった人で「インフィニティ・シェーク」という技術を発明し、それによって作るカクテルで世界から注目を集めている。本人がその発明に至る過程を説明した文章の全文を、次に掲げる。

補足しておくと「カクテル」とは、アルコールを含む調合飲料である。一九二〇年代にロンドンやパリで流行し、日本でも一九二〇年代末（大正時代）にはカクテルを売るバーが登場した、という。また「シェーカー」とは、カクテルを作るための小型の水筒に似た器具で、たいていは金属（ステンレス）で作られている。三つの部品（下から順に、ボディ＝金属のコップ状、ストレーナー＝逆漏斗《じょうご》状、トップ＝ストレーナーにかぶせる蓋）から成り立つ。酒などをシェークした（振り混ぜた）後、トップをとりグラスに注ぐ。

＊

通常、シェークというのは混ざりにくい材料を氷で撹拌《かくはん》して、同時に冷却も行うのが目的です。シェークの回数を増やして強く振れば、混ぜるのも冷やすのも簡単なはず。しかし、激しく振ることで氷が溶け水っぽくなると、お酒のボリューム感が薄まるため、戒められてきました。たとえて言うなら、ゆですぎた麺のようなものです。今は材料の温度を思うようにコントロールできますが、冷蔵庫、冷凍庫、エアコンの普及していない頃は、いかにしてカクテルに冷たさとコシを残すかが課題でした。麺をゆでるとき、頃合を見てさっと鍋から引き上げるように、シェークもステアも、指先に伝わる冷たさ、香りの立ち具合を感じとって、グラスに注いだのです。

私が用いているシェークは、上下、前後、左右、多方向にひねりを加えています。体幹からひねり出すように力を加え、短時間に、より多くの回数をシェークしています。マンガ『北斗の拳』の奥義、「北斗百裂拳」のイメージです。

この振り方をすると、短時間に超高速で立体的にシェークするため、氷の水分があまり溶け出さないうちに、シェークによって生まれた気泡はどんどん小さくなり、マイクロバブルとなって液体の中にとどまります。そのマイクロバブルによってシルキーでなめらかな口当たりに仕上がるのです。

NHK　BS2の「アインシュタインの眼」という番組に出たときに披露したところ、海外でそれを観た同業のバーテンダーが「インフィニティ・シェーク」と名付けました。上下前後だけではなく斜め左右にひねるような動きが加わるので、シェークの軌跡が無限大を示す「∞」のような形になります。このシェークで生み出される細かいマイクロバブルが、私の作るサイドカーに独特のまろやかな風味を与えてくれることがⓐ映像的に解明されたのです。

ここでは番組の構成に沿って少し詳しくご紹介します。

まず、番組の冒頭では、同じ材料を使って、ステア、ビルド、シェークと作り方を変えた三種類のサイドカーを作りました。作り方によって味わいが変わることを知っていただきたいという、ちょっとした前置きだったのですが、取材されたディレクターはあまりに味が違うのに驚かれたようです。

次に、私のシェークをハイスピードカメラで撮影したところ、一秒間に約六回シェーカーを前後に振るのと同時に、横方向のひねりが加わっているのが、はっきりと見えました。経験上、前後に振るだけでは氷が溶けすぎると思い、ⓑ試行錯誤の結果、斜め左右の動きを入れてみた末に行き着いた技法が、このインフィニティ・シェークです。

こうしてひねりを入れて振ると以前より氷が溶けにくく、カクテルが水っぽくならないというのは知っていました。

しかし、科学番組の面白いところは、このときシェーカーの中で何が起こっているか、内部の様子が分かるよう透明のシェーカーで撮影したことです。

普通のシェークでは、氷がシェーカーの中で前後にだけ揺れるので、シェーカーの底にぶつかります。インフィニティ・シェークではシェーカーの内部を氷が多方向にクルンクルン回るので、ぶつかる衝撃を調整しやすいのです。私は、このとき氷と液体は同時に動くのだろうと予想していました。しかし、実際に映像で見てみると、まず液体が先に動きます。液体がシェーカーの底に達したあとに氷が来るので、クッションのような役割を果たし、氷は直接底に触れない。ぶつかる衝撃で氷が砕け、溶けてしまうことがないのです。カクテルに余分な水分を加えず急速に冷却するので、水っぽくなりません。経験上知っていたことでも、なぜそうなるのか、ⓒ映像で見せてもらうと実に説得力がありました。

そして、シェークし終わったあとに氷を取り出してみると、角が少し丸くなっていましたが、ほとんど元の大きさのままでした。比較のために店の若手スタッフがシェークした氷は、かなり小さくなっていたので、その分液体の中に溶けだしていたわけです。

もう一つ自分の目で確かめたかったのが、マイクロバブルの存在です。インフィニティ・シェークで作ったカクテルはとてもまろやかで、表面がふつふつとしています。これも顕微鏡のように超高倍率のカメラで撮影してもらったところ、カクテルの中に極めて微小な泡が漂っていることがわかりました。番組ではビールの泡と比較していましたが、ビールの泡が直径0・2ミリから0・5ミリなのに対して、インフィニティ・シェークで作ったカクテルの気泡は50ミクロン以下です。1ミクロンは0・001ミリですから、50ミクロンは0・05ミリ。ビールの泡の約十分の一ということになります。この測定をしたマイクロバブルを専門に研究している慶應大学の先生から、私のインフィニティ・シェークで生まれる気泡はマイクロバブルと呼べると、お墨付きをいただきました。

マイクロバブルは泡の体積が極度に小さいので浮力が弱く、表面に浮き上がることができない。そのため、液体の中に長くとどまることができるのです。

美味しいカクテルを仕上げるために試行錯誤してきたことが、ⓓ科学的に実証されるという、得難い体験を可能にし

てくれた番組のスタッフの方々に、心から感謝しています。（傍線および○囲み記号は筆者）[注1]

＊

ここで注目すべき箇所は傍線ⓐ「映像的に解明された」ⓑ「試行錯誤の結果、斜め左右の動きを入れてみた」ⓒ「映像で見せてもらうと実に説得力がありました」ⓓ「科学的に実証される」の四カ所である。

「激しく振ることで氷が溶け水っぽくなる」のを避けるために「シェークの回数を増やして強く振」らないで、なおかつ速く温度を下げることを岸久は目指した。経験の積み重ねに基づくカンで「短時間に超高速で立体的にシェーク」すれば良いことに気づいた。ただし、「生まれた気泡はどんどん小さくなり、マイクロバブルとなって液体の中にとどま」るかどうかは本人も知らなかった。シェーカーの中で起こっていることが分かったのは「透明のシェーカーで撮影した」「アインシュタインの眼」のスタッフのお陰であった。カンによって得られる「技術を獲得する過程」は十分に岸久の文で説明されている。

カンは美味しいカクテルを生み出す。しかし、カンそのものが生み出す「インフィニティ・シェーク」の過程が文章で解明されたわけではない。どのようにして美味しいカクテルがシェーカーで生まれたかが、ハイスピードカメラによってⓐ「映像的に解明された」だけである。

「横方向のひねりが加わっている」のも経験上から、ⓑ「試行錯誤の結果、斜め左右の動きを入れてみた末に行き着いた技法」であり、岸久のカンが正しかったことが証明されただけのことである。「比較のために店の若手スタッフがシェーク」しても、同じようにならなかったのは当然であろう。カンは本人の中だけにとどまり、本人は「マイクロバブルは泡の体積が極度に小さいので浮力が弱く、表面に浮き上がることができない」ことを科学的に知った。その上で、自分のシェーク法が理にかなっていることに、本人としては納得したかもしれない。つまりⓒ「映像で見せてもらうと実に説得力がありました」ということになる。しかし、この場合、説得されたのは「インフィニティ・シェーク」の発明者である本人だけではなかろうか。他者に開かれた説明とはなっていない。マイクロバブルはⓓ「科学的に実証され」たのかも知れない。しかし、得難い体験も本人にとってのみ意義深かっただけである。経験（体験）は閉じられた形で、本人の中だけにとどまる。「4　言語による思考と経験主義との差」で後述する。

## ②　技術は説明できるが言語によって獲得できないことが多い

結果としての技術は説明されれば分かる。しかし「天才の技術」は説明不可能だ。次に引用する文は日本航空株式会社のパイロットだった田口美喜夫が、ある天才パイロットのことを書いたものだ。(注2)

＊

（前略）純粋に操縦技術の面でいうと、みんなから天才パイロットと噂されている人物がいる。いっしょに操縦したことのある人は、みんなが口をそろえて、「あいつだけにはかなわない」、「あれは天才だ」と言う。（中略）

その人が天才だというのは、私が航空大学校に入ったときから、すでに噂されていた。数年先輩にあたり、私が入学したときには、すでに卒業していた。入社してからも、同じ会社のパイロットだから、社内で顔を合わせることはあっても、飛んでいる機種が私がＤＣ—６Ｂなら、あちらはＤＣ—８といったぐあいに、いつも一段階ちがっていたので、ついぞ操縦を拝見する機会には恵まれなかった。

ところが、私が査察操縦士をやっていたころのことだ。彼が病気をして、しばらく操縦を休んでいたことがあった。しばらく休むと、機長に復活するためには、もう一度訓練をやりなおし、実際のフライトで査察を受け、合格せねばならないという決まりがある。そこで、私が彼の操縦の査察を担当することになったのである。

（中略）

彼のほうが先輩だが、私が試験員で彼は受験生という立場。実際の操縦は彼が左の機長席にすわっておこない、私は右の副操縦席。ただし、最終の責任者は私である。

そのときのフライトは、成田からソウルだった。

初めていっしょに飛んでみて、これはと舌を巻いた。

座席にすわった姿勢からして、どっしりして、一分の隙も感じさせない。動作や目の配りにも無駄がいっさいない。どんな動作をするにも、必要最小限の動きしかしない。それでも見るべきものはちゃんとぜんぶ見ている。また動かすべきものは滑らかに動かしているのだ。

飛行機の動きが実に快適で心地よい。とにかくスムーズ。地上の操作はもちろんのこと、空中にあっても、ぎくしゃくした感じがまるでない。手動の際には、操縦ホイールの動きが適量適切で、なんともいえず味がある。

自動操縦に切り換わっての巡航でも、判断のよいリズミカルな飛行がつづく。

一例をあげると、計器飛行だから、飛んでいるルートを正確に知るために、各地から発信されている電波をとらえるのだが、航路を進んでいくにつれて、受信する局をどんどん変えていくことになる。成田から出発して、最初のうちは羽田からの電波、つぎには名古屋からの電波、そのつぎには大津からの電波、というように、あちこちからの電波を順繰りにたぐりながら、目的地まで飛んで行くわけだ。

副操縦士側の受信機をセットするときや、彼が操縦している場合には、彼から私にオーダーが出され、私が通信のスイッチを操作することになる。この局を変えるにも、タイミングというものがあり、けっこうパイロットのセンスが出てくるものだ。

このフライトのときは、私が内心で「このへんで名古屋に変えるといいんだけどな」と思っていると、ちょうどその瞬間に「名古屋を入れてくれる」と彼のオーダーがくる。「そろそろ大津を入れるころだな」と思っていると、すかさず、「大津を入れてくれる」とオーダーがくる。まるで私の心の中を読まれているようだ。それほど私の目から見て適切なオーダーのタイミングだったわけである。

巡航も降下もぜんぜん無駄がない。まるで飛行機が勝手にソウルに近づいていくように見える。

キンポ空港での着陸も、その日は天候があまりよくはなかったのだが、そんなことは微塵も感じさせない。実に、みごとなランディングである。

こういうふうに飛行機を動かしたいと私が思っているのとまったく同じことを、彼がそのとおりにやってのけたのである。

私が自分で操縦していたとしても、実際には、なかなか思いどおりにはいかないものだ。それを、いともやすやすと彼がやってのけた。しかも、長い休みのあとで、久々の路線フライトである。私だって、ほんの二、三週間も休みがあいたら、操縦の勘が鈍って、調子をとりもどすのは難しい。

ところが彼は、何か月も病気で休んだあとの初路線フライトであるにもかかわらず、ずっと操縦している私と同様に、あるいはそれ以上に、なんの失敗もなく、見事な操縦を見せてくれた。完全に脱帽である。

査察操縦士で他のパイロットと飛んでいると、いろいろ注意しておきたい点が出てくるものだが、この日のフライトにかぎっては、なにも指摘することが見つからない。まさに完璧である。

(中略)

たしかに噂は本当だった。これは天才だ、と思った。

なぜ何か月も休んだあとで、あれだけの操縦技術を維持できるのだろうか。不思議としか言いようがない。

もってうまれた天分も当然あるだろうし、なにか特別な勉強をしたり訓練をしたりしているのかもしれない。私たちの見えないところで、それなりの努力をしているはずである。

だが、どういう努力をすれば彼のようになれるのか、私にはわからない。私だけでなく、誰にもわからない。わからないがゆえに、天才とよばれるのだろう。理由がわかれば、私にだって、その真似をすればできるはずだ。そういう人はいくら操縦がうまくても「上手なパイロット」であって、天才とは言われない。誰も理由がわからない。誰も真似ができない。だからこそ、天才とよばれるのだろう。

いやはや、世の中には、天才というものがいるものである。

＊

この文章を通して天才が如何《いか》にすごいかは分かる。しかし、天才の技術をここから学ぶことはできない。技術をいくら積み重ねて「上手」にはなれても、凡人には、到達できない部分が残る。若手スタッフは、いくら岸の元で熱心に修行したとしても、「短時間に超高速で立体的にシェーク」した氷の域に達することはない。あるいは、経験の積み重ねからのカンを文章から理解しても、岸と同じ「横方向のひねりが加わっている」技術に達することはないだろう。

田口美喜夫も指摘するように『理由がわかれば、私にだって、その真似をすればできるはずだ。そういう人はいくら操縦がうまくても「上手なパイロット」であって、天才とは言われない。誰も理由がわからない。誰も真似ができない。だからこそ、天才とよばれるのだろう』ということになる。

誰も真似ができないから、天才的なカンも技術も言語を超えた部分で存在する。天才的なパイロットも岸久のインフィニティ・シェークも同じ次元の事柄である。

吉田直哉（ＮＨＫのディレクター・演出家・映像ドキュメンタリー作家、一九三一〜二〇〇八）が映像について次のような文章を記している。(注3)

どんなパチンコ台の玉の流れも、未だかつてほかのどんな台のそれとも同じであったことがなく、どんなビリヤードの台で球の動きを撮影しても、史上初めての球の軌跡の記録になる、というのはすばらしいことではないか。もっとすばらしいのは、たとえばイモの葉の上にころがっている水滴はみんな同じように見えるけれど、表面のどれ一つとして同じ映像を映してはいない、という事実だ。（中略）

映像についても、すべて二度と同じものは撮れない、かけがえのないものだと教えてくれるからだ。下手な人為的操作を加えて撮ると、価値が全く失われることも教えてくれる。

吉田直哉が言うように、映像の中の、どのような平凡なころがっている水滴の動きも一つとして同じではない。時間を超えて、それぞれが特別なはずだ。映像だけではない。個人の経験も才能の問題とは関わりなく、水滴の動きも個人の経験もある意味で「天才」の経験と同じものである。一人一人の経験の質は、どのように平凡なものでも、天才のみが持つものでも、みんなすべて異なる。個人の深い所にあるものは他者と同じではない。それぞれが他の人と違う人生を生き、違う人生を過ごす。

平凡な個人の経験も「天才」の発見や技術と同じである。人類が誕生してからの人間の個々の経験はそれぞれに特別である。人類が今まで存在した人間の数だけ経験は個別特殊であろう。どのような平凡なころがっている水滴の動きも一つとして同じではないのと同様である。平凡な個人の経験も「天才」の経験も、それぞれは本人にとってのみ意味がある。個人の中に閉じられていて二つとして同じではない、という意味からは両者は同一次元にある。天才的なカンも技術も個人の経験も、「一般化できる」言語表現を超えている。

たとえ複数の人が同じ事件に遭遇したとしても、それぞれの人は異なる感想を持つ。平凡な出来事でも同じことだ。痛いという感覚は存在する。痛みがあることは言語化できる。しかし、痛みという個人の経験を一般化して言語化しても、同じ痛みを他者と共有している訳ではない。自分の歯の痛みはどんな親友にも恋人にも親にも経験させることは不可能である。

それは他者の客観的検証に耐える「事実の記述」とはなり得ない。痛くなくても「痛い」と言えるのは人類が発明した言語上の最大のウソであろう。「4　言語による思考と経験主義との差」で後述する。

ただし個人は一人で存在するのではない。「個」の集合としての社会があって、初めて個人は成立する。個人の個性ばかりを強調するのは間違いである。個性の延長に個人の自由を置くのは間違いである。個人の自由は放っておくと、自分勝手・我がまま勝手になってしまう。個人の我がままを制御する社会の存在によってのみ、個人の自由は意義がある。それと関連して、付け加えておくと、言語は社会の中で成立していることも忘れてはならない。
この後の【応用編　3「個」と社会】参照。

**注**

（1）岸久『スタア・バーのカクテルブック』文藝春秋（文春新書）、二〇一五年。
（2）田口美喜夫『機長の一万日』講談社、一九九八年。
（3）吉田直哉『森羅映像〈映像の時代を読み解くためのヒント〉』文藝春秋、一九九四年。

# 4 言語による思考と経験主義との差

## ① はじめに

理論とは歴史を背景にして成立するものだ。具体的な歴史上の事実の説明なしに理論だけが一人歩きするのは妄想でしかない。日本の近代の教育および言語の歴史的背景から言語が思考と密接な関係にあることを以下に述べたい。

## ② 『言語表現技術ハンドブック』成立の歴史的背景

『言語表現技術ハンドブック』では理論の成立した歴史的背景についての考察をあえて避けた。ともかく、実際に説明することの大切さを前面に押し出した。しかし、本書では、一歩踏み込んで日本の近代教育における文章の歴史的背景を明確にし、理論化することで、『言語思考技術ハンドブック』における言語によってのみ可能となる部分を明らかにする、一つの道を採りたい。

思考とは呼べないような、曖昧な感想を中心に置いて成立してきた従来の「日本の作文教育」（「作文」についての定義および教育の歴史については④で述べる）への反発がなければ『言語表現技術ハンドブック』が書かれることはなかった。その反発を理論的に支えてくれた二人の先達に会えたことが『言語表現技術ハンドブック』成立の礎となった。

前著『言語表現技術ハンドブック』の理論の根本は、以下の二つの達成の上に、言語表現技術（以下、特記のない限り『言語表現技術ハンドブック』における言語表現技術を指す）を中心において成立した。

まず、鈴木孝夫『ことばと文化』（注1）の言語と文化の関係性の理論から継承した骨組み、二つ目は、木下是雄による「事実の記述」（注2）の教育姿勢から継承した骨組みである。

さらに、この両氏の深くは言及しなかった二点、「分節性」と「経験」を付加し、言語表現技術を考えるときに必要な理論的・歴史的背景を以下に説明し、言語思考技術への橋渡しとしたい。

## ③「大雑把と曖昧とは異なる」から「分節性」への展開

理科系と文科系というのは、いい加減な区分でしかない。

理科系の思考は、共有できる「開かれた」場所での議論の前提とはしながらも、自己の発見や考察を推し進めるための手段として存在する。社会への伝達や表現は、結果として他者との検証のためには必要であっても、目的とはならない。数式によって表された真理は、たとえ理解者が現れなくても、その系の中で一つの真理としては存在しうる。

文科系の思考は、自己のウチから始まっても、他者に対しての表現と伝達が伴わなければ「零」でしかない。他者によって認められない「個人的」真理というものはない。個人の感情の真実は共有できるという文学的な見解はまやかしである。悲しいとか美味しいとかを繰り返し記述しても、その感性は「見知らぬ他者」との間には共有できない。個人の中に存する文字で書いた餅でしかない。絵に描いた餅は食えなくても絵そのものは作品として観賞可能である。しかし、文字の餅は食えないだけではなく、味もないし、そのままでは作品でもない。「閉じられた」本人の「味覚の中」でのみ完結する幻の餅であろう。絵には地図と似ている部分がある。絵の中の餅は芸術作品として観賞されれば、幻ではない有用性がある。

地図はどのように描かれても、コード（例えばどちらが北であるとか、ある記号が郵便局を示すとか）さえ与えられれば情報として役立つ。社会に向かって開かれている。しかし、文字の餅は「餅であると理解」できても、活用性（例えばこの場合は食べるという有用性）は発揮できない。個人の中に閉じられている。

一方、本書でいう「言語による」思考の中では、餅のつき方の民族性や餅の歴史などという形で他者に「開かれた」有用性を発揮できる。そこに個人のウチに「閉じられた」感性の入り込む余地などはない。

さらに詳しくは実践編「2　事実の記述」で述べる。

「開かれた」場所とはコード（万人のための約束事）の存在する所でもある。理科系であれ文科系であれ、コードが厳密であれば互いが理解しあえる（伝達できるではない、ことは強調しておきたい）。コードの存在によって、多くの人が共有する場は容易に成立する。厳密なコードは人が共有する場を、最初から意図的に作るために成立したからである。そこには大雑把な組み立てや把握は存在するにしても、曖昧さは許されない。数式や化学式は相手への伝達というよりも、「本人自身の発見や理解のための手段」の必要性から曖昧さを排除する形で成立したものである。(注3)

それに対して、各地域の言語は意図的ではなく、自然発生的に成立したものである。しかも、地域（共同体）文化の約束事に従って、個人の発見ではなく「社会的な伝達」の必要性から成立したものでもある。有名なものは鈴木孝夫の指摘する、日本語の「氷、水、湯」の三区分と、「ice, water」の二区分しかない英語との違いがある（『ことばと文化』および前著『言語表現技術ハンドブック』参照）。さらには人類学による知見からの多くの例もある。日本語では「**ウシ**」という単語一つだけしかないのに対して、英語では「caw, ox, bull, stallion, bullock, heifer, steer, calf, cattle」など用途や使用目的などに応じた九種の区分がある。(注4)それぞれの言語の違いを強調するならば、曖昧さがあるように見える。

しかし、人類の言語そのものは「開かれた場所」という意味では普遍的である。文化によって相違する各地域の言語は、別の地域の言語とは異なった、特殊な形態をとる。文明と文化を一組で考える本書の立場については前述した（【はじめに】ⅴページ参照）。

イヌとdogは異なる形である。しかも、その文化の成員にとっては、閉じられてはいない。日本語を話す人にとって、イヌという言葉の指すものは同じである。言語は個人ではなく社会に依存しているという意味では、曖昧でもない。イヌとネコは厳密に区別される。その文化の中では厳密な区分はそれぞれに存在する。特にそれは先に述べたことを集約できる「分節性」という語によって明らかである（ソシュールの言語理論そのものより、日本版である丸山圭三郎の諸著作を参照のこと）。(注5)

この場合、本人の内部での理解が独り立ちするのではなく、理解の後の社会における他者への「伝達」のための「区分」という思考方法が優先される。さらには、文化間の相違は言語の文化的構造の差にはなるが、全人類の文化という面からは、言語の普遍性も同時に共存しなければならない。それは、人類が同一種であり、「人種」という古い枠組みは無視されるべきだという今日の文化人類学的知見からも明白であろう。

理科系は「自分の内なる理解優先的」であり、文科系は「伝達のための思考優先的」と区分するのがよいのではないかというのが、本書の「言語思考技術」の立場である。ただし、理解には伝達が、伝達には理解が付随しなければならない。この点からは共通する普遍の部分の方が遙かに多い。短絡的に理科系・文科系という二分法から、文章を考えるべきではないというのも、私の「言語表現技術」理論の出発点である。

それぞれの地域の言語の「分節性」の相違は、他の言語に対しては、閉じられているかに見える。しかし、各地域の文化の差による言語を通じての世界認識の多様性は、人間と地域との繋がり（すなわち、文化）の表れである。言語はコードが先に存在しない点で、強い普遍性に欠けるかも知れない。ただし、それぞれの文化、社会の中ではその成員には「開かれている」普遍性がある、とも言える。さらに言語は人類が共通に持っているという意味からは、全世界に普遍のものとして存在し、人類の文化は繋がっているとも言える。

このような理解は前著『言語表現技術ハンドブック』「提言」にある「見知らぬ他者」との繋がりを重点とする言語表現技術は、本書の言語思考技術にも必要である。

### ④ 感動や経験は文章の基本ではない

例から始めよう。「朝コーヒーを飲んだ」という経験を述べた文と、「胃の残留物から朝コーヒーを飲んだことが分かる」という事実の記述の文は異なる。「事実の記述」とは、他者によって真偽を客観的に検証することが可能な、人間の関与した事件や自然現象についての記述である（詳しくは木下是雄の諸著作、[注6]『言語表現技術ハンドブック』22・23ページおよび本書64～71ページを参照のこと）。

「朝コーヒーを飲んだ」ことは本人の経験したことであって、本人には「事実」かも知れないが、他者という観点からは「事実の記述」ではない。客観的に検証しようがない文であるからだ。一方「胃の残留物から朝コーヒーを飲んだことが分かる」は当人が死亡していれば簡単に（今日の検査レベルでは死亡していなくても、費用をかける面倒を厭わなければ）検証できる。なお、経験と体験を厳密に区分するのは論理的には意味がない。感覚的に「経験」を他人のモノだとし、「体験」を本人のモノだとする区別には論理など介入しようがないだろう。ここでは両者を経験という言葉で代表する。

この例から経験は他者からの検証に耐えないことであるのは明白である。本人の言い分が本当であるかどうかは別として、他者は経験の内容を客観的検証なしに、受け入れるしかないことが分かるだろう。経験は「事実の記述」とはならない。しかも、その経験を中核とする感情表現の文章の内容は、客観的検証などできないし、他者と共有もできない曖昧なものである。これを「文学的曖昧さ」という人もいる。しかし、私は「文学趣味」と呼ぶ

（⑤で後述）。

「作文」を「文章を作る」だけの意味に解する場合がある。木下是雄『理科系の作文技術』などがこれにあたる。しかし、この稿では日本の教育の歴史における作文の範囲に限定して使用する。古くは無着成恭の「生活綴り方運動」から大村はまの「単元教育」、今日の小中高の「作文教育」までの範囲だと考えて欲しい[注7]。

「日本の作文教育」は、経験万能主義あるいは経験に基づいた（「であろう」も含まれる）思ったことや当人の感情を、事実として受け入れることを前提としてきた。まず、事実と「事実の記述」は異なることを再度強調しておこう。先の「朝コーヒーを飲んだ」は本人にとっては「事実」であり、したがって「朝コーヒーを飲んで美味しかった」も本人にとっては「事実」という前提から出発する考え方である。文章の第一歩とは「思ったまま、感じたまま」を書くことだとする教育である。

このような作文を中核とする「国語教育」の文章は、他者による検証に耐えうるかどうかよりも、他者の感動を呼び起こすかどうかを重要な意義としてきた。これは「作文教育」が、生徒の生活の中での経験を、教師と生徒という「閉じられた」師弟関係の世界を背景としてきたからである。上下関係に基づく人間（や家庭）指導という「ウチワ」を重視するものであったからである。そこには、文章をどう書けば「見知らぬ他者」にも通じるかという観点が欠けている。経験や感性に寄りかかった教育は、ある時期には必要であろう。しかし、そういう教育は文章を書くことのみで培われるものではない。国語の教師のみが感性による人間教育の中心であってよいわけでもない。

この「作文教育」的な人間関係には友人・恋人・家族・仲間なども含まれる。そういう「ウチ」意識の延長で文章を書くことが、文章の基本だという考えにも繋がる。「作文教育」は「ウチ」意識を重視する日本の人間関係を基本としてきた。また、明治以来の文学の（特に私《わたくし》小説を中心とした）伝統に偏った国語教育体制から生じたものだ。

私小説とは個人の経験や感性の表現を中核とするものだった。「作文教育」とは言語よりも経験や感性を重点とする「閉じられた」文章教育であり文学教育でもあった。

他者との間に検証できる「事実の記述」をおかずに、経験や感性を中核に置いた「閉じられた」人間関係の中から生み出される文章は、『言語表現技術ハンドブック』の文章を書く精神とは異なる。言語によって表現される事実の記述を中心とする「他者に向かって開かれた」説明の文章と、経験や感性に基づく「自己の内に向かう閉じられた」文章は明確に区別しなければならない。

『言語表現技術ハンドブック』では、まず「事実の記述」を徹底的に理解することに重点を置く。その後の「演習」では理解し説明することが、文章の基本であることを重点とする。理解できたことは必ず文章化できるし、理解が足りなければ文章化できないことを、繰り返し練習させ、習熟させる（詳しくは本書実践編「4　推敲」の項参照）。経験や感じたことや感性についての文章は扱わない。そのために「見知らぬ他者」に向け、特定の人間関係によりかからずに文章が書けるようになることを目標としてきた。

## ⑤　感動よりも一般化できる言語表現技術と言語思考技術が必要である

学生に対しては、個人の経験は、事実の記述でないことをはっきり分からせることから始めるべきだ、という点については前述した。

確かにどこかに行ったことは、今日では写真やビデオという記録で確かめられるという意味では、「事実の記述」の一部のように見えるかも知れない。しかし、そこにある本人の経験は他者と共有できない。他人の子どもの運動会のビデオは本人や家族・親族には感動できる対象だとしても、他者にはその感動を理解させることはできないし、感動の強制もできない。

かつてテレビのニュースがなかった頃、ニュース映画というものがあった。作り事のある劇映画と違い、動きのある事実を伝えているものだとされていた。昭和二四（一九四九）年に象がインドから上野動物園にやってきた。戦争中の食糧不足などで象はいなくなっていた。その象を見るために集まった子供を映した当時のニュース映画のナレーションは次のようなものだった。

戦争に傷ついた子供たちに希望がよみがえった瞬間でした
（傍点は筆者。ＮＨＫＴＶ二〇〇四年九月二二日放映により復元した。）

象を見て「喜んでいるらしい」子供の映像は流れている。しかし、「傷ついた」のだろうか。「希望がよみがえった」のだろうか。子供たちが象を見たという事実と、象を見たという経験は存在しただろう。しかし、そこには「事実の記述」としての内面が描かれている訳ではない。映像を見る人に、勝手な感動を押しつけているのではないか。

経験が事実の記述の一部であるという思いこみは、感動も事実の記述の一部であるという見解にも繋がる。そこには「恐さ」と「愚かしさ」が共存する。感動第一主義の「恐さ」と「愚かしさ」である。山登りの内容を説明し、伝えることはできる。しかし、山に登った人の経験を感動の第一歩とすることとは異なる。山登りに感動しない人は世の中にいくらもいる。文学に感動しない人がいくらもいることも普通のことである。感動は文学のみで得られるものではない。文学がなくても人は生きることができる。文学による感動を教育という名の下に押しつけてはいけないだろう。そこには文学重視の「恐さ」と「愚かしさ」がある。

作者の心情を推しはからせる（感情移入が第一である）という「文学趣味」から生じた「日本の国語」教育がある。それができないと、感性が欠如しているかのように評価されてしまう。理科系志望の学生の多くはそういう目に遭ってきて、「国語＝作文＝文章」嫌いになる。言語表現技術を学びながら、学生たちはアレルギーを取り除かれる。感情移入は「事実の記述」とは関わらない、ということを言語表現技術を学びながら理解する。さらには、次のようなことも理解するようになる。

経験から生じる感動は一般化できない。人それぞれの経験は個人の心の中に留まるものである。一般化する必要はないし、そのことで個人の世界は人の数だけ存在し、それぞれ特別のものであってよい。感動や感性は一般化されないことで貴重なものとなる。伝えることができなくてもよいし、無理に伝える必要もない。言葉にできない感動は多い。本当に嬉しいときや悲しいときには言葉は必要でない。

一方、「事実の記述」とそれに基づく説明は言語化され、一般化されることに意味がある。人間の言語には「普遍」を理解する能力が備わっている。ある程度の数の（何匹かの）「イヌ」を見れば、すべてのイヌを見なくても、イヌ全体を一般的に認識できるようになっている。これが人間に与えられた能力であり、人間が言語を介して他者と繋がれる所以であろう。

文学（絵画・音楽も含む）における感動は研究とは無関係である。深く感動したことが、その作品を深く研究できることには繋がらない。数学において感動し、物理において感動することは研究の動機とはなっても、本来の研究そのものの価値とは関係がないであろう。あるいは、素晴らしい建築を設計した人の内面的動機や背景を詮索することと、その人の造った建築そのものの良さを探求し、研究することは本来は関係がない。東京駅を設計した辰野金吾（一八五四〜一九一九）という人がいる。ある人が書いた辰野の伝記研究の中に、東京駅の設計が辰野に決定したという一報を聞いて、居間で妻と接吻したという話が「文学趣味」に溢れた筆致で描かれている。感動や感覚は素人でも持てるものであり、プロとしての研究に必ずしも必要ではない。

自らが言語による一般化や説明を避けて、経験や感動にのめり込むことが、誤った「文学趣味」の欠点である。

そこから国語教育のみが人間指導・情操教育・文学趣味による教育の中心となる体制が今日の小学校・中学校から高校国語教育にまで及ぶ。大学初級の一般教育においても、文学研究とは縁遠い「文学趣味」の講義や文章表現の演習がはびこっている。

文章というと、文学と密接な関係があるなどという思いこみ（いや、信仰と言ってもよい）がある。そういう思いこみを排したところから、『言語表現技術ハンドブック』が生まれ、その精神を受け継ぎなお一層拡大した本書『言語思考技術ハンドブック』は発想された。言語表現や言語思考の技術を受け入れてくれる土壌（多くの学生諸君の存在も貴重であった）によって、言語表現技術は、理科系・文科系という硬直した区分を超えて、今の場所に辿《たど》り着いた。「国語」や「日本語」を教えるのではない。「言語」は文化として、技術として考えなければならないことを再度強調しておく。

**注**

（1）『ことばと文化』岩波書店（岩波新書）、一九七三年。『日本語と外国語』岩波書店（岩波新書）、一九九〇年。
（2）『理科系の作文技術』中央公論新社（中公新書）、一九八一年。『レポートの組み立て方』筑摩書房（ちくま学芸文庫）、一九九四年。
（3）クロード・レヴィ＝ストロース『野生の思考』（大橋保夫訳）みすず書房、一九七六年。ロラン・バルト『モードの体系』（佐藤信夫訳）みすず書房、一九七二年。
（4）京都大学人類学研究会編『目で見る人類学』ナカニシヤ出版、一九七三年。
（5）丸山圭三郎『ソシュールを読む』岩波書店、一九八三年。丸山圭三郎『言葉と無意識』講談社（講談社現代新書）、一九八七年。
（6）木下是雄『日本人の言語環境を考える　木下是雄集3』晶文社、一九九六年。言語技術の会編『実践・言語技術入門』朝日新聞社（朝日選書）、一九九〇年。

（7） 無着成恭『山びこ学校――山形県山元村中学校生徒の生活記録』岩波書店（岩波文庫）、一九九五年。大村はま『日本の教師に伝えたいこと』筑摩書房（ちくま学芸文庫）、二〇〇六年。『新編教えるということ』筑摩書房（ちくま学芸文庫）、一九九六年。『新編教室をいきいきと1・2』筑摩書房（ちくま学芸文庫）、一九九四年。

# 5 ひらめき思考と科学的ウソ

## ① マリス博士のひらめき

キャリー・マリスは一九九三年にノーベル化学賞を受賞した。その受賞の対象となった研究のきっかけは、一九八三年五月の夜の車の運転中のことであった。当時マリスはシータス社に勤めていた。自分の研究に大きな問題を考えていた。以下に、本人の書いたものから引用する。(注1)

大きな問題。それはDNAの問題だった。
DNAの配列解読を簡単に行なうことができれば、それはとても役に立つ。生まれつき遺伝子異常を持つ子供がいる。筋肉が萎縮し、死に至るような悲劇も起こる。DNAの暗号が解読できれば、そのような悲劇を予測し、あるいは回避することも可能になる。(中略)
問題を解く鍵はオリゴヌクレオチドにある。オリゴヌクレオチドとはDNAのごく短い一断片のことで、これはシータス社の研究室で、いまや、ごく簡単に合成できる。自然界に存在するDNAははるかに長いので、合成することはできない。しかし、合成されたオリゴヌクレオチドを長いDNAと一緒に混ぜると、一致する配列を見つけだし、そこに結合することができる。ちょうど、単語検索機能が長い文章の中から、特別の短い文字列を見つけだすのと同じようなものである。自然界に存在するDNAは、愛想のない、長い長い鎖だ。ちょうど、カセットテープが車の床の暗がりに転がり落ちて、テープが飛び出しぐちゃぐちゃになったようなものである。収拾をつけるためには、どこかきっかけになる場所を見つけだすことがもっとも重要なポイントとなる。(中略)

私にはコンピュータ・プログラミングの心得があったので、単純なルーチンでもそれを繰り返し行なうことによって、大きな仕事が可能になるという感覚が分かっていた。それはこういうことだ。まず初期値をインプットする。すると計算値が得られる。それをインプットする。新しい計算値が出る。それをまたインプットする。この繰り返しである。たとえば、ある数値の二倍を計算させるルーチンがあるとしよう。すると二は四に、四は八に、八は一六に、一六は三二となる。これを繰り返すと、数値は瞬く間に指数関数的に増大する。

これをDNAに応用すればどうなるだろうか。まず、短いオリゴヌクレオチドを合成する。それを使って長いDNA鎖上のある特定の地点に結合させる。そこを出発点にしてDNA鎖のコピーを作る。これを何回も繰り返せば……。私は問題解決のすぐ近くにいるような気がした。（中略）

まったく突然、どうすればよいかがひらめいた。ひとつのオリゴヌクレオチドを使って、三〇億ヌクレオチド中の一〇〇〇カ所をピックアップできたとしよう。ならば、その上でもう一つのオリゴヌクレオチドを使って、もう一度選抜をかければよいのだ。一番目のオリゴヌクレオチドが結合する場所の下流に、二番目のオリゴヌクレオチドが結合するように設計しておけばよいのだ。一番目のオリゴヌクレオチドがまず一〇〇〇カ所の候補地を選び出す。その中から二番目のオリゴヌクレオチドが正解を一つだけ選び出す。そこでDNAが自分自身をコピーする能力を利用してやればよい。そのための化学的条件も私にはわかっている。そうすれば、一番目のオリゴヌクレオチドと二番目のオリゴヌクレオチドの間に挟まれた部分のDNAのコピーを作り出すことは簡単だ。反応を一回行えば、オリジナルからコピーが一つ計二つ。反応を二回行なえば、計四コピー。これを繰り返せばよい。一〇回行えばどうだ。多分一〇〇〇コピーくらいだ。

「やった！」私は叫んでアクセルを離した。車は下りカーブの路肩に乗り上げて停止した。（中略）

私たち（引用者註、マリスとガールフレンドのジェニファー）は一二八号線の七五キロ・ポストの地点に止まっていた。同時に、来るべきPCR時代（引用者註、DNAの増幅方法）の夜明けの、まさにほんの直前に位置していたのだった。私にはそれが分かっていた。私は急いで書きすぎて鉛筆の芯を折ってしまった。ようやくボールペンを見つけて計算してみた。
二の一〇乗は一〇二四だ。思わず笑えてきた。この反応を一〇回行なうだけで、あるDNAの一部を一〇〇〇コピー作り出すことができるのだ。しかもそれがどんなDNAであっても応用できるのだ。分子の中の分子ともいうべきDNA。この反応を二〇回行えば、一〇〇万コピーを軽く超える。三〇回行えば、もはや一〇億以上だ。(中略)私は車を発進させてハイウェーの車線に戻った。(中略)

渓谷に向かって二キロほど走ると、私は再び車を止めた。アイデアが頭の中で再び炸裂していた。これはまったくすばらしいことだ。そしてまったく新しいことだ。何億ものDNAのコピーを生み出すだけじゃない。コピーはどれもまったく同じ長さのDNAなのだ。これは非常に重要なことだった。すばらしい！　無敵だ！　ハレルヤ！　これで決まりだ！(中略)DNAをめぐる二つの難問を解決できたのだ。十分な量と正確なサイズ。しかもたった一つの方法でだ。私は車を道の脇の安全な場所に移動して、しばらくの間、この方法が何をもたらしうるのか想像をめぐらせた。このシンプルな反応によって、どんなDNAのどんな部分でも好きなだけ増幅してコピーを作ることができる。世界中のDNA研究者が、争ってこの技術を使うようになるだろう。そして世界中の研究室にこの技術が広まるはずだ。

【補足】PCR法の応用、発展にはシータス社グループ(当初はマリスも参加していた)の果たした役割が大きいようだが、最初にこの方法を着想し、方向性を示したという業績により、マリスは一九九三年のノーベル化学賞を受賞した。

マリスがひらめいた話は面白い。しかし、天啓のようにひらめくのは単なる偶然だけではありえない。ここで重要な問題は、ひらめくに至る前に深く考える過程があったことだ。「DNAの暗号の解読」と「オリゴヌクレオチド」いう研究テーマに深くのめり込んでいたことと「コンピュータプログラミングの心得があった」ことを結びつける道筋が、マリスには見えていたからである。

「化学的条件」を満たすための「数式」があって、ＰＣＲ法の基礎は計算できた。アマチュアが偶然を頼りに発見する過程とは異なる。マリスの発見の瞬間が面白いこととマリスの研究の積み重ねが重要であることとは次元が違う。必然的な過程は思考には必要である。

## ② 積み重ねが言語的思考には必要である

発明には言語はいらない。発明の一例に、反対のモノを結びつける「逆転の発想」という方に一つの偶然のひらめきから、新しいモノが生まれる、ということがある。

例えばポストイットである。「しっかりくっつくのに、はがすのは簡単という矛盾した二つの要素」（つまり正反対の性質のモノ）を一つにする「逆転の発想」から、一つのメモ用紙で二つの矛盾した働きをさせるという発明が生まれた。また、鉛筆に消しゴムを付ける、という「本来反対の用途のもの」を一つにするのも、同じような発想から生まれた発明である。発明は結果であり、生まれた因果関係の話は面白いモノであっても、付随的なものである。「3　カンや技術は言語による思考とどう関連するか」で述べた「カン」や「天才」の話が面白くても「ひらめき」による思考でしかなく、言語思考技術とは結びつかない。

「ひらめき」だけからは説明の文章は生まれない。文章には考える過程（積み重ね）を示さなければならない。因果関係（必然的な過程）を示すことで他者に向かって開かれる。

「カルシウムが不足するとイライラする」という説が一〇年ほど前に流行った。現在では否定されている。その一例として「弘前大学漫学のススメ」より、前多隼人（農業生命科学部助教）の文を引用しておく。

カルシウムを採ることで、精神が安定する。よく言われますが、科学的証明はされていないのです。牛乳を飲む、つまりカルシウムを採ると、イライラしなくなる。そんなことがよく言われますが、これは、ほとんど迷信と言っていいと思います。

カルシウムというのは、血液中での濃度が常に一定になっていて、足りない場合には骨を溶かし出して血液の中のカルシウムを一定に保つ機能が、私達の身体の中に備わっているのです。しかも、牛乳を飲むことで、精神が安定するということも科学的には証明されていないので、精神安定＝嘘をつかなくなるということもおそらくありません。

＊ www.hirosaki-u.ac.jp/ad/mangaku/page6.html（参照年月日、二〇一七年十二月七日）

病気として「副甲状腺ホルモン作用」異常で血液中のカルシウムが極度に不足することがあるそうだが、その場合は食物からカルシウムを摂っても役立たないのは明白だろう。

ある種の科学的事実を原因と結果に当てはめて、「栄養学らしき」因果論を導き出すというのは、よくある科学的ウソの見本である。

### ③　潜在意識は無と同じではない

ミグダル（一九一一～一九九一）という物理学者が「想像力の最大限の活用」を述べている。(注2)

潜在意識の効果を増す方法は現実に存在する。たとえば日常の仕事を効果的にするために、夜に少し仕事をすることがどんなに大切かはよく知られていることである。この夜の仕事が潜在意識を「プログラム」しているとみえて、つぎの朝目覚めてみると、われわれはもうすでに何をすべきかはっきりした考えをもつことができている場合がある。

あるむずかしい問題を解こうとして困難に直面したとき、その打開の最善の方法は、賛否両論のすべてを思いえがき、すべての理論と計画を完全に意識的に考えぬき、ノートを使用せずにすべての計画を実行できるまでに準備することである。そうすることによって、潜在意識の働きをより容易にすることができ、間もなく、おのずと解答が浮かんでくることが多い。（中略）

直感の役割を増すもう一つの方法は、しばらくの間、困難を忘れて自分の考えを自由にめぐらすことである。この「自由な連想」の方法は、発明家にとって特に重要であり、彼らはまずはじめに、実用化の困難に取り組む前に、できるだけ数多くの選択可能な解を見い出しておく必要がある。

「すべての理論と計画を完全に意識的に考え」るとは、当面の問題から目をそらさないことだ。『言語表現技術ハンドブック』と本書で何度も述べてきたように、手間暇をかけることが肝要だ。説明する相手がいて、開かれた場所で文章を書くために考えていることを忘れてはならない。自分の内に向かって考えてはいけない。

夜寝る前でなくても、潜在意識を「プログラム」することはできる。言語で（科学の場合は数式や化学式や実験で）考え続けることだ。天才的なカンや天才的な技術も本人の深い所での積み重ねがあるから表面化するので、漠然とした経験から生まれるのではない。

「潜在意識」とは無ではない。先の①の項の、マリスのひらめきは、材料があって、その上で考えていたから、アイディアに辿《たど》り着けた。無から有を生じさせたのではない。材料を多く集めていたことで、上手くＰＣＲ法を着想できたのだ。

「数多くの選択可能な解」がある所から発明が生まれるように、数多くの「事実の記述」から言語は組み合わされ、文章となる。ただし、発明とは違って、ひらめき思考ではない、言語に頼って文章は出来上がる。

本章の「１　存在しないものに名前はつけられない」に書いたように、何もない所から言語は生まれない。それと同じく、何もない所から文章は生まれない。考えるための材料として「事実の記述」の積み重ねが必要なのである。言語思考技術はそこから出発する。

量が質に転換する時のために多くの本を（小説や詩ではない本を）読んでおく必要がある。

**注**

（1）キャリー・マリス『マリス博士の奇想天外な人生』（福岡伸一訳）早川書房、二〇〇〇年。

（2）ミグダル『理系のための独創的発想法』（長田好弘訳）東京図書、一九九六年。

# 第II部
# 実　践　編

## 【実践編　はじめに】

「言語思考技術」を獲得するための前提は「言語表現技術」を習得することである。本編ではその実践のための基本を述べている。

「言語表現技術」は扱う文章の範囲を明確にしている。範囲を明確にしたのは、技術として習得可能なものに的を絞るという目的もあるからだ。

技術は、意識的・自覚的訓練を積み重ねることで確実に上達する。その自覚的訓練の第一歩が、第一章に示す「第三者に説明するための文章を書くときの原則」に従った文章作成を目指すことである。重要なので、前著『言語表現技術ハンドブック』から再掲し、言語思考技術としての補足を記す。

第二章・第三章では「言語思考技術」の基礎となる「事実の記述」と「引用」を理解し、活用するための基礎を説明する。

第四章には『言語表現技術ハンドブック』の演習の解答例を中心として、「考え方」と「構成」を実践的な角度から説明する。

第五章では、自分の文章を再読し修正するための「自己点検表」の活用の仕方を説明する。

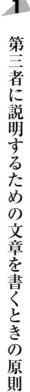

## 1 第三者に説明するための文章を書くときの原則

「第三者に説明するための文章」については、「言語表現技術への提言」（本書「はじめに」xページ）によって範囲を明確にしている。これは、木下是雄が論文・レポート・説明書などを「仕事の文章」と称する姿勢とも一致する。説明・論述文と言い換えることもできる。

【総論】は、「言語表現技術への提言」と対応している。AからDは文章を書く際の、基本的な心構えを記したものである。とりわけC・Dは、言語思考技術の中核をなす「事実の記述」と関わっている（「事実の記述」については、第2章で詳しく述べる）。Eは、説明の第一歩として、相手にわかりやすい順序を優先させることを説いている。Fの「重点先行主義」は、「大事なことは最初に説明する」と言い換えられる。最初に全体の枠組みを示すことは、Eの「相手にわかりやすい順序」にも繫がる。

本書67ページ、［②「偽の事実の記述」と「真偽の検証」］の第一文を例に挙げる。「事実の記述について重要な点を二点示す」と最初に枠組みを示し、その後で具体的な説明をしている。意見を述べる場合に、最初に結論を述べることも重点先行主義の例となる。【結論→理由の説明→立場の再確認】という型を守ることで、「相手にわかりやすい説明」となる。

一方、【各論】では、「〜ない」という具体的な禁止事項を示している。これは、堅苦しい規則によって文章作成に制限を加えようとするものではない。その根底にあるのは、読者に負担をかけるべきではないという配慮であり、読者に対するマナーと言い換えることもできる。何度も読み返さなければ何を説明したいのか理解できないような文章は、「第三者に説明するための文章（わかりやすく事実を説明する文章）」としては失格である。「第三者に説明するための文章を書くときの原則」各論を守ることで、読者に負担をかけない文章に近づけるはずである。**【各論】**の後に、『言語思考技術ハンドブック』としての**【補足1〜9】**を記す。

**① 第三者に説明するための文章を書くときの原則**（『言語表現技術ハンドブック』から再掲）

**【総論】**

A 読む側は未知の相手である。相手に寄りかかって負担をかけない。

B 文章とは第三者への説明であることを忘れるな。

C 事実に基づいて説明する。感じたことは第三者にとっては事実とは限らない。

D 事実を説明した部分と事実に基づいた解釈や意見の部分は分けて書く。

E 考えをまとめるとは段落を構成して説明することである。

　自分の考えた順序ではなく、相手が理解しやすい順序にしたがって説明する。

F 一段落には一つのまとまった内容を書く。その場合、重点先行主義を貫く。主要な（相手に全体の輪郭を理解させる）部分を最初に述べ、後から順次細部を説明する。

**【各論】**

① 一文（ワンセンテンス）が五〇字以上にならないようにする。→**【補足1】**

② 一文で複数の内容を述べない。→**【補足1】**

（例）彼女は早起きだが、仕事にはよく遅刻する。

とは書かないで、

彼女は早起きだ。しかし、仕事にはよく遅刻する。

のように書く。

③ 接続助詞の「が」を用いない。↓【補足1】

(例) 私は毎日三十分のジョギングをしているが、血圧を上げないようにするための健康法だ。

とは書かないで、

私は毎日三十分のジョギングをしている。これは血圧を上げないようにする健康法だ。

のように書く。

④「です」「ます」は用いない。↓【補足2】

「である」体（書き言葉の一般的な文体・本書の文体）を用いる。

⑤「私は〜思う」と書かない。文末に「思う」を用いない。↓【補足3】

⑥ 感情表現は用いない。↓【補足4】

「一生懸命に」や「努力しました」のように相手にとっては事実かどうか判断できないものも含まれる。

⑦「絶対」「必ず」「非常に」「大変」などの極端な強調のことばは用いない。↓【補足5】

⑧「本当の」「真の」「すばらしい」「奥が深い」等の形容のことばは、できるだけ用いない。↓【補足5】

用いた場合は、どの点が「本当の」「真の」であるかを説明する。

⑨ 文頭に「そして」は用いない。↓【補足6】

「そこで」「そうすると」「そうなると」「それによって」「さらに」「それから」「ゆえに」などと言い換えられる。

⑩「さて」「ところで」は用いない。八〇〇字以内の文章では話題をむやみに変えない。↓【補足6】

⑪体言止を用いない。↓【補足7】

日本語の文章は、文末で意味を確定する表現が基本である。

⑫二重否定を用いない。

（例）「批判もないではなかった」とは書かないで、

「批判もあった」のように書く。

⑬日常の俗語表現（くだけた話しことば）は用いない。↓【補足8】

「はっきり言って」「正直言って」なども用いない。

⑭カタカナ外来語はなるべく用いない。特に普通の日本語でも十分に通じるものをカタカナでは書かない。「グローバル・スタンダード」と書けば格好がよいのではない。「世界標準」とする方が読者にわかりやすいという意味で親切な表記だ。

⑮他人の文章や意見を引用する場合は、引用であることをはっきり示し、原典（引用したもとの文献）の書誌事項（著者・発行年月日・出版社・引用ページ数など）を明記する。↓第三章「引用」参照。

⑯不必要な漢字を使いすぎないようにする。↓【補足9】

**【補足1】**　一文の長さ

各論①から③は、一文の長さと関わる。本書では一文五〇字以内を推奨している。これに対して、一文四〇字以内を目指すべきだという意見もある。いずれにしても、一文の長さを意識することが読者に負担をかけない文章を書くための第一歩である。

長い一文は、考えをまとめる前にダラダラと書いていることの現れだと捉えるべきである。以下の二点を意識して、読み直す必要がある。第一に、長すぎる文は、たいていの場合二つ以上の文に分割できる。第二に長すぎる文には、接続助詞の「が」を用いていることが多い。

一文には一つの内容（事柄）を記す（各論②）。接続助詞の「が」を用いない（各論③）。この二点を守ることで、一文の長さを適度に保つことができる。

**【補足2】** 文末表現

「公用文作成の要領」（昭和二七年四月四日付内閣閣甲第一六号内閣官房長官通知）には、公用文の文体について以下のような言及がある。

公用文の文体は、原則として「である」体を用いる。ただし、公告・告示・掲示の類ならびに往復文書（通達・通知・供覧・回章・伺い・願い・届け・申請書・照会・回答・報告等を含む。）の類はなるべく「ます」体を用いる。

レポート・報告書など、「第三者に説明する文章」では、公用文の原則と同様に「である」体を用いる。「ます」体は、「公告・告示・掲示の類ならびに往復文書」とあるように、読者との人間関係を意識する場合に用いることが多い。身近な例では、電子メール・就職活動におけるエントリーシートなどが挙げられる。

いずれにしても、一つの文章の中で「である」体と「ます」体を混在させないように注意する。

日本近代における「ます」体成立の背景については、『言語表現技術ハンドブック』［歴史的背景から理論的に

「です・ます」表現を考える」（126～128ページ）参照。

**【補足3】**「私」で始まる文

事実を説明する文章（事実の記述）に「私」を持ち込んではいけない。「私」で始まる文は、事実を説明する文章には、なじまない。

意見を述べる際には、たとえば「以下は私の意見である」と書き出す。「私は～思う」だけでなく「私は～考える」も用いない方がよい。このように書くと、意見を述べているつもりが、いつの間にか単なる感想に流れてしまうことがあるからだ。

文末の「思う」については、『言語表現技術ハンドブック』17～21ページ「日本人の「思う」と西洋人の「信じる」」に詳しく記している。

**【補足4】**感情表現

本書28～38ページ「4　言語による思考と経験主義との差」に詳しく説明している。

**【補足5】**強調のことば・形容のことば

「絶対」「必ず」「非常に」「大変」などの極端な強調のことば（各論⑦）を用いると、それで説明が完結したような錯覚に陥りやすい。「本当の」「真の」「すばらしい」「奥が深い」等の形容のことば（各論⑧）も同様である。これらの表現は、一種の説明放棄の姿勢に繋がる。どの点が「すばらしい」のか、どのような理由で「奥が深い」のかについて、詳しく説明する必要がある。

**【補足6】** 接続詞

できるだけ接続詞を用いないで文章を作成する。接続詞には、文と文との論理的な繋がりを示す働きがある。しかし、多用するとかえって繋がりがわかりにくくなる場合がある。

まず、各論⑨から説明する。『大辞林』（三省堂）「そして」の項には、「そうして」に同じ、とある。さらに「そうして」の項には、以下のような説明がある（用例省略）。

1　前に受けた事柄を受けて、それに引き続いて起こる事柄を述べる。それから。

2　前件に述べた事柄に後件を付け加える。そのうえ。さらに。

言い換え語「それから」「そのうえ」「さらに」と比べると、「そして」は文と文との論理的繋がりを示す働きが弱い。このことからわかるように、ほとんどの場合、文中の「そして」を削除しても、前後の文が問題なく繋がる。「そして」を削って繋がりが悪い場合には、「そこで」「そうすると」「そうなると」「それによって」「さらに」「それから」「ゆえに」などから、ふさわしいものを選べばよい。「そして」を削るだけでも、説明の順序を考え直す機会となる。

次に、各論⑩「さて」「ところで」は話題を転換する際に用いる。説明・論述文（わかりやすく事実を説明する文章）では、「さて」「ところで」はできるだけ用いない方がよい。「さて」「ところで」によって、前後の論理的な繋がりが失われることが多いからである。「さて」「ところで」が散見される文章は、筆者が論点を十分に整理できていないことを露呈している。

「そして」「さて」「ところで」に限らず、できるだけ接続詞を用いない、という方針で文章を作成するべきである。ほとんどの場合、接続詞を使わなくても前後の文を入れ替えれば、論理的な繋がりができる場合が多い。文と文の繋がりを考えることが、言語思考技術の第一歩である。

《参考》「さて」には、次のように、ビジネス文書・電子メールにおいて主文（主題）を明示する働きがある。

**拝啓　時下ますますご清栄のこととお慶び申し上げます。平素は格別のお引き立てを賜り誠に有り難く感謝しております。**

**さて、これまで貴社から仕入れております商品の取引条件につき（以下略）**

この場合、「さて」によって、それ以下の部分が主文（相手に伝えたい内容）であることを示している。このような「さて」の用法は、ビジネス文書の型（約束事）として位置づけられる。本書が扱う「第三者に説明するための文章」における「さて」の働きとは異なっている。

**【補足7】**体言止

ここで扱う体言止は、修辞法としての体言止（「和歌・俳諧などで、最後の句を体言で終わらせること」『デジタル大辞泉』）ではない。次の例のように、「文の末尾に体言を置くこと」（『日本国語大辞典』小学館）である（例文末尾の（A）〜（C）は筆者が補った）。

例1　人の知的創造活動により生みだされ、財産的価値を持つ情報の総称（A）。（日本経済新聞、二〇一七年三月一二日、朝刊、きょうのことば、「知的財産」）

例2　国土交通省によると、2017年12月時点で全国の道路橋のうち23％が建設後50年を経過（B）。（日本経済新聞、二〇一八年一月一八日、朝刊、きょうのことば、「インフラの老朽化」）

例3　2003年3月に知的財産基本法が施行され、政府に知的財産戦略本部が置かれてからまもなく15年（C）。
（日本経済新聞、二〇一八年一月一五日、朝刊、「知財立国は成ったか」）

（A）～（C）は、体言の後に省略された語があることを表している。Aには「である」が補える。辞書の記述や新聞記事で字数節減のために用いられることが多い。この場合、読者は無意識に「である」を補って読む。一方、Bには、「した」または「している」、Cには「になる」「が経過する」「が経つ」などが補える。いずれの場合も、読者は体言の後に何が省略されているのか、立ち止まって推測する必要がある。次の例のように日本語の文は文末で意味を確定するからである。

例　指摘する。指摘した。指摘している。指摘したい。指摘がある。指摘を受ける。指摘はしない。

修辞法としての体言止には、余韻・余情の効果があると言われている。しかし、「第三者に説明するための文章」には、余韻・余情は必要ない。読者に負担をかけないことを最優先するべきである。たとえ短い時間でも、省略された部分について読者の想像に委ねるようなことは避けた方がよい。以上の理由で、「体言止」は用いるべきではない。

ただし「～を参照」の場合は、明確に「～を参照せよ」の意味であるから、体言止でよい。

**【補足8】**　べからず集（『言語表現技術ハンドブック』から再掲）

仕事の文章に慣れていない人は、「っていうか」・「けど」などの俗語表現を無意識のうちに多用する傾向が強い。くだけた話しことばと改まった書きことばは違うということを自覚し、書きことばの文体（仕事の文章）を身につけることが必要である。

以下に俗語表現の代表例とその言い換え例を一覧として示す。慣れるまでの間、仕事の文章（論文・レポート・説明書）を書くときは、いつもこの表を見る習慣をつけるべきである。

**【仕事の文章（論文・レポート・説明書）などでは用いるべきでない表現の例】**

| | こうは書かないで（くだけた話しことば） | こう書く（仕事の文章の表現） |
|---|---|---|
| 1 | 小さいけど、日本全国で考えると | 小さいが、全国規模で考えると<br>小さい。しかし、全国規模で考えると |
| 2 | ～である。でも…… | ～である。｛しかし……<br>ところが…… |
| 3 | ～っていう話を聞いて | ～という話を聞いて |
| 4 | ～である。だから…… | ～である。｛それゆえ……<br>したがって……<br>そこで……<br>そのため……<br>（注1） |

| | | | |
|---|---|---|---|
| 5 | あと、／それと、……である。 | なお、／さらに、／このほか、／また、……である。 | |
| 6 | ワープロだと簡単に修正できる。 | ワープロを使えば／ワープロを使用すれば 簡単に修正できる。 | |
| 7 | やっぱり（やっぱ）同じである。 | やはり同じである。 | （注2） |
| 8 | ちょっと……である。 | 少し……である。 | |
| 9 | 雑誌とか新聞とかで読んだことがある。 | 雑誌や新聞で読んだことがある。 | （注3） |
| 10 | 欧米なんかでは | 欧米では | （注3） |
| 11 | いまいちよくわからない。 | あまりよくわからない。 | |
| 12 | なので、～ということがわかる。 | それ故／したがって ～ということがわかる。 | |
| 13 | ～であった。結果、～となった。 | ～であった。その結果、～となった。 | （注4） |
| 14 | 対して～の場合～である。 | それに対して／これに対して ～場合～である。 | （注4） |

| | | |
|---|---|---|
| 15 | よって　～となる。 | それによって／したがって／それゆえ　～となる。（注4） |
| 16 | 真逆の～である。<br>～真逆である。 | 正反対の～である。<br>～正反対である。 |
| 17 | ～よりかは～である。 | ～よりは／～に比べると　～である。 |

（注1）「だから」は、これから述べようとすることが、その前に述べたことの当然の論理上の帰結である場合に用いる接続詞である。最近、意味もなく使われる例が、一般にも学生諸君の解答にも多く見受けられるようになった。しかも、論理上の帰結がない場合に「だから～」と何となく続けてしまう場合が多い。何かというと「そして」を使って誤魔化す場合と同じ現象であろう。「だから」を用いたくなったら、「そのため」・「そこで」・「それゆえ」などと置き換えられないか、一度立ち止まって考えてみるとよい。

（注2）「やはり」は前提となる事実がないにも関わらず、強引に結論に結びつけるために用いる人が多い。事実の説明が明確にできていれば用いてもかまわない。

（注3）「とか」は、日常会話において「資料とかありますか?」のように用いられることが多い。この場合の「とか」は、ぼかし表現（曖昧表現）にあたる。例9では、新聞・雑誌という二つのものを繋ぐ働きをしているので「新聞や雑誌で」と改めている。しかしほとんどの場合は、「とか」は削除したほうがよい。例10の「なんか」も同様である。

（注4）「結果」「対して」「よって」は、「その結果」「それに対して」「それによって」などを省略したものである。文章語のような印象を与えるが、「舌足らず」な表現だと捉えるべきである。

**【補足9】** 漢字とかなの使い分け（『言語表現技術ハンドブック』から再掲）

漢字とかなの使い分けは、大切な情報を際立たせることにも役立つ。基本原則は以下の二点である。

①　音読みする漢字の熟語（字音語）は漢字で書く。← 同音異義語が識別できる。

②　形式名詞（こと・もの・もとetc）・補助動詞など、実質的な意味を持たないことばは、ひらがなで書く。

例　じっけん（実験／実検／実見／実権）のかてい（過程／課程／仮定／家庭）をせつめい（説明）するために、注意すること

「公用文における漢字使用について」（平成二二年一一月三〇日内閣訓令第一号）において、かな書きが推奨されている語を以下に表としてまとめた。

**【漢字とかなの使い分け】**

| | 一般的な表記 | 漢字表記の例（避けるべき例） |
|---|---|---|
| うち | 今のうちに答えてください | 今の内に答えてください |
| こと | 許可しないことがある | 許可しない事がある |
| ため | 君のためにならない | 君の為にならない |
| とおり | 次のとおりである | 次の通りである |

| | | |
|---|---|---|
| とき | 事故のときは連絡する | 事故の時は連絡する |
| ところ | 現在のところ差し支えない | 現在の所差し支えない |
| とも | 説明するとともに意見を聞く | 説明すると共に意見を聞く |
| はず | そんなはずはない | そんな筈はない |
| ほか | 特別の場合を除くほか | 特別の場合を除く他 |
| もの | 正しいものと認める | 正しい物と認める |
| ゆえ | 一部の反対のゆえにはかどらない | 一部の反対の故にはかどらない |
| わけ | 賛成するわけにはいかない | 賛成する訳には行かない |
| ある | その点に問題がある | その点に問題が有る |
| いる | ここに関係者がいる | ここに関係者が居る |
| なる | 合計すると一万円になる | 合計すると一万円に成る |
| できる | だれでも利用ができる | だれでも利用が出来る |
| ～てあげる | 図書を貸してあげる | 図書を貸して上げる |
| ～ていく | 負担が増えていく | 負担が増えて行く |
| ～ていただく | 報告していただく | 報告して戴く（頂く） |
| ～ておく | 通知しておく | 通知して置く |
| ～してください | 問題点を話してください | 問題点を話して下さい |
| ～てくる | 寒くなってくる | 寒くなって来る |
| ～てしまう | 書いてしまう | 書いて仕舞う |
| ～みる | 考えてみる | 考えて見る |
| ない | 欠点がない | 欠点が無い |

| | | |
|---|---|---|
| ～てよい | 連絡してよい | 連絡して良い |
| ～かもしれない | 間違いかもしれない | 間違いかも知れない |
| ～という（こと） | ～ということ | ～と言うこと |
| ～にすぎない | 調査だけにすぎない | 調査だけに過ぎない |
| ～について | これについて考慮する | これに就いて考慮する |

# 2 事実の記述

## ① 「事実の記述」の基本

木下是雄は、「事実の記述」について以下のように説明している。前著『言語表現技術ハンドブック』とは異なる形で、もう少し詳しく説明する。

まず、「事実」と「事実の記述」の区別をはっきりさせておく必要がある。

次の例から考えてみる。あなたがAさんを紹介する手紙に「Aさんは一九八五年に東京の小学校を卒業した」と書いたとしよう。それが、たまたまあなたの記憶違いでAさんは本当は一九八六年に卒業していたとする。この場合「事実」としては間違っているから、その手紙を読んだ人から「ホントウではない」と指摘されることがあるかもしれない。

この例のように、日常会話で「事実である」は、「ホントウである」の意味に用いる。しかし、「事実（ホントウ）として書いた」つもりのことが、実は「ホントウではない」ことがありうる。このような混乱を避けるために、以下の文章では、ある記述が「事実である」という言い方はしないことにする。

そこで改めて「事実」ではなくて、「事実の記述」を次のように定義する。

a　自然現象や、人間の関与した事件の記述で、

b　然るべきテストや調査によって真偽（ホントウか否か）を客観的に確かめることのできるものを「事実の記述」という。

この定義を、先ほどの「Aさんは一九八五年に東京の小学校を卒業した」という記述に当てはめてみる。この記述は「事実の記述」である。当時の彼の友人の話を聞いたり、Aさんの卒業証書を見せてもらったりすれば、卒業年度を確かめることができるからである。もっとも、調べた結果、Aさんの小学校卒業が一九八六年だったということがわかる場合もある。この場合は、「偽の（ホントウではない）事実の記述」である。

つまり、「事実の記述」には、真（ホントウ）の場合と偽（ホントウではない）の場合とがある。それ以外の場合は存在しない。客観的に確かめられない曖昧な領域がある場合は、「事実の記述」とは言わない。先の記述の場合、あなたは事実（事実の記述）として書いたのであって、Aさんについてのあなたの考え（意見や感想）を書いたわけではない。あなたの記憶違いのせいで、たまたまホントウではなかっただけだ。

ある記述が「事実の記述」かどうかは、書かれた内容を見ればわかる。そこに書いてあることについて、テストや調査によって真偽（ホントウかホントウでないか）を客観的に判定できるかどうかを見ればいいからだ。しかし、その記述がホントウかどうかは、一般には読んだだけではわからず、テストや調査をしてみて初めてわかるものである。

（『日本人の言語環境を考える　木下是雄集3』晶文社、一九九六年、26・27ページにもとづき、著者ご本人の許可を得て一部内容を改めた）。

### ②　「事実の記述」判定練習問題

次に、「事実の記述」に関する練習問題とその解答・解説を示す。

**【練習問題】**

次の文は事実の記述か。○（はい）、△（いいえ）で答え、理由を述べよ。

A　大阪市営地下鉄千林大宮駅は御堂筋線にある。解答（〇）
〈理由〉これは事実の記述だが、偽の事実の記述である。調べれば大阪市営地下鉄千林大宮駅は御堂筋線ではなく谷町線にあることを確かめられる。
B　私がその時「しまった」と思ったのは事実である。解答（△）
〈理由〉本人にとってはいかに事実でも、他の人には真偽を判定する方法はない。
C　青森県弘前市の財政状態は良好である。解答（△）
〈理由〉良好と判定する基準は人によって異なる。
D　彼は自分のしたことは正しかったと信じている。解答（△）
〈理由〉彼がそう信じているかどうかを、テストまたは調査によって明らかにすることはできない。
E　彼は「自分のしたことは正しかったと信じている」と記者会見で語った。解答（〇）
〈理由〉彼がそう信じているかどうかを、テストまたは調査によって明らかにすることはできない。しかし、記者会見の記録を見れば、彼が語ったことの内容を確かめることはできる。
F　『源平盛衰記』によると、一ノ谷合戦の際、畠山重忠は愛馬を背負って鵯越の急坂を駆け下りた、という。
　解答（〇）
〈理由〉『源平盛衰記』を調べればそういうことが書いてあるかどうかを確かめることができる。「畠山重忠が愛馬を背負って坂を駆け下りた」ことがホントウかどうかは、Fが事実の記述であるかどうかとは次元の異なる問題である。
G　明日、昼休みに岡田研究室まで来てください。解答（△）
〈理由〉これは依頼もしくは命令の文で、事実の記述でも意見でもない。

H　二〇年後の二〇三八年には、日本の労働人口の約五〇%が人工知能やロボットなどにより代替可能となる。
解答（△）

〈理由〉現時点（二〇一八年一月）では、この記述の真偽を判定することはできない。

I　このクラスの試験の平均点が学年で一番高かったのは、真面目な生徒が多いからだ。解答（△）

〈理由〉この文は、事実の記述と意見が混在した文である。前半部「このクラスの試験の平均点が学年で一番高かった」は、他のクラスの平均点と比べることで真偽の検証が可能である（事実の記述）。一方、後半部では前半部の理由の説明をしている。しかし、「真面目」の基準は人によって異なるだけでなく、平均点が高い理由は他にも考えられるはずである。このように、ある事象に対して、どのような理由・原因を考えるか、は人によって異なることが多い。

### ③「偽の事実の記述」と「真偽の検証」

先に示した木下の文章と、この練習問題とを踏まえて「事実の記述」について重要な点を二点示す。

第一に、事実の記述には「真の事実の記述」と「偽の事実の記述」とがある点である。とりわけ、「偽の事実の記述」という概念を理解することが重要である。問題Aを例に説明する。理由に記したとおり、記述の真偽を客観的に判定できるので、「事実の記述」である。さらに然るべき調査をすれば、Aがホントウではないことを確かめられる。すなわちAは「偽の事実の記述」である。木下が説くように、日常会話の「事実」は「ホントウ」を意味するので、混乱が生じやすい。しかし、記述の真偽（ホントウかホントウでないか）にとらわれては、「事実の記述」は理解できない。第三者による真偽の客観的検証が可能かどうかを常に考える必要がある。

第二に、ある記述が「事実の記述」か否かを判断することと、その記述の真偽を検証することとは、別次元の問題だという点である。事実の記述か否かという判定は、文の単位で行う。その文の中に「主観に依存する表現（真偽を客観的に確かめられない表現）」があるかどうかを見ればよい。問題C「良好である」、問題D「信じている」などがその例である。第三者による検証が不可能であり、「事実の記述」ではない。これに対して、その記述の真偽（ホントウかホントウでないか）を検証するためには、別の手続きが必要となる。問題Aを例に説明する。大阪市営地下鉄に詳しい人には、千林大宮駅が谷町線にあり、Aがホントウでない（偽の事実の記述である）ことが即座にわかる。一方、他の土地に住む人は、Aを読んだだけでは真偽が判断できず、乗り換え案内や地下鉄路線図を調べることで、初めて千林大宮駅が御堂筋線にはないことがわかる。同様の例は、いくらでも挙げられる。「JR北海道宗谷本線森駅では、駅弁いかめしを販売している」は、事実の記述である。しかし、よほどの鉄道ファンか駅弁ファンでなければ、この記述の真偽の検証はできない。調べれば、森駅は宗谷本線ではなく函館本線にあるので、偽の事実の記述であることがわかる。「その記述がホントウかどうかは、一般には読んだだけではわからず、テストや調査をしてみて初めてわかる」という木下の指摘は、「事実の記述」が見知らぬ他者に開かれたものであることを示している。第三者として、記述の真偽を客観的に検証する機会が与えられるからである。

「事実の記述」を記しているのか、それを踏まえた解釈や意見を記しているのか、常に意識することが言語思考技術への第一歩である。この点について木下是雄は、次のように注意している。

　事実の記述は真か偽か（正しいか誤りか）のどちらかだ。つまり数学のことばを借りれば、事実の記述は二価（two-valued）である。これに反して意見の記述に関する評価は原則として多価（multi-valued）で、複数の評価が成立する。ワシントンは米国の初代の大統領であったというのは、正しい〈事実の記述〉である。これに対して、偉大な大統領であったという意見の記述に対しては、「そのとおり」、「とんでもない」、「的はずれ」、等々、人によって評価が異なるのが当然なのである。

事実の記述だけを取り出して考えれば、必要な注意は次の三つに尽きる。

a　その事実に関してその文書のなかで書く必要があるのは何々かを十分に吟味せよ。
b　それを、ぼかした表現に逃げずに、できるだけ明確に書け。
c　事実を記述する文はできるだけ名詞と動詞で書き、主観に依存する修飾語を混入させるな。

（木下是雄『理科系の作文技術』中央公論新社（中公新書）、一九八一年、106・107ページ）

とりわけ重要な指摘は「c事実を記述する文はできるだけ名詞と動詞で書き、主観に依存する修飾語を混入させるな。」である。主観に依存する修飾語を記していないかどうか、常に意識することを求めている。

②の判定練習問題は、「主観に依存する修飾語」に着目することで、自身が事実を記述する文を書くための練習ともなる。

### ④「事実の記述」の意義

「事実の記述」に関する木下の諸著作[注1]を承けて、言語表現技術の中心となる基本姿勢が生まれた。『言語表現技術ハンドブック』9ページから引用する。

本書の言語表現技術の中心となる、二つの考えを示しておく。

> A　人と人の間に記述しうる事実をおくことが言語による相互伝達の基本だ。
> B　意見とはある立場に立ってその事実を説明することだ。

事実と「事実の記述」は異なる。本人が事実と思うことと、本人以外の第三者がそれを検証できるかどうかは明白に異なる。感じたことは本人の内部における事実であり（つまり「事実の記述」ではないことに注意）、人と人の間にある検証可能な事実ではない。小説をはじめとする文学書の表現の真似をしてはいけない。

自己にとって意味のあることと、他人との間の言語活動は異なる。まず他者との間に事実の記述をおくことから、他者に向けての言語表現活動は始まる。

実験レポートを例に、ここに記した「他者との間に事実の記述をおくこと」について具体的に説明する。

実験レポートは、【1実験方法】【2実験結果】【3考察】からなる。このうち、【1実験方法】【2実験結果】は、事実の記述で構成する。第三者による真偽の検証に耐えうるか否かが、実験レポートの中心となるからである。すなわち、第三者がレポートに記されたのと同じ方法で実験を行って、同一の結果が得られるかどうかが一番の問題となる。同じ結果が得られない場合、実験方法そのものに誤りがあったか、実験方法に関するレポートの説明が不十分であったか、のどちらかになる。いずれにしても、検証実験の結果、同じ結果が得られなければ、そこから導き出された考察について、検討されることはない。さらに、同一の実験を行って同じ結果が得られたとしても、そこから何を導き出すのかは、人によって異なるという点が重要である。(注2)

STAP細胞の発見が大きく取り上げられ、多くの科学者が検証実験を行ったが、一人として結果を再現できないという事件があった。その際、当事者は「一種のレシピのようなもので、ちょっとしたコツを会得できれば、私と同じ結果に辿《たど》り着けるはずです」という主旨の発言をした。しかし、コツが必要だと述べた時点で科学実験のレポートからは逸脱してしまう。料理の世界では、調理人のコツやカンによって、できあがりに味の差が出ることもあるだろう。だが、実験レポートでは、誰が再現しても同じ結果が得られるように書くことが求められる。先に述べたとおり、実験方法・結果に記された内容が、「真の事実の記述」であることが検証されてから、考察の検討に入るからである。

事実の記述は、いわゆる理科系の世界だけで重要な意義を持つわけではない。例えば判決文の構成は【1判決（結論）】【2事実経過の説明（事実の記述）】【3裁判所の判断（意見）】である。この場合も、2に関する真偽の客観的検証が大きな意味を持つ。

日常生活においても「事実の記述」は有効である。飲食店に関する情報を例に説明する。インターネット上には様々な飲食店情報が溢れている。実際にその店を訪れる場合に必要な情報は、店の所在地（地図）、営業時間、店休日、駐車場の有無などの「事実の記述」である。その情報が正確でなければ、目的の店に行けないこともある。現状では、料理の味、店の雰囲気、接客態度などの意見（評価として☆の数で表される）に注目が集まりやすい。しかし、評価は様々に存在する。高評価の店だからという理由で訪れたとしても、すべての人に、同じような満足感が得られるとは限らない。この例は、事実の記述の観点から情報収集することの重要性を示している。

**注**

（1）木下是雄『理科系の作文技術』中央公論新社（中公新書）、一九八一年。
言語技術の会編『実践・言語技術入門』朝日新聞社（朝日選書）、一九九〇年。
木下の担当は、第二章（「事実」か「意見」か　しっかり区別しよう）である。
木下是雄『レポートの組み立て方』筑摩書房（ちくま学芸文庫）、一九九四年。
木下是雄『日本人の言語環境を考える　木下是雄集3』晶文社、一九九六年。

（2）立花隆・利根川進『精神と物質――分子生物学はどこまで生命の謎を解明できるか――』文藝春秋、一九九〇年。

# 3 引用

## ① 引用と盗用（剽窃）

インターネットの普及によって、簡単に他者の著作物をコピーできるようになった。それが盗用（剽窃《ひょうせつ》）にあたることさえ認識できない人が増えている。インターネット上の情報をコピー＆ペーストすることが盗用であって、元の著作物に少し手を加えて自分で入力したものは、自分の著作物になると思い込んでいる人も多い。例えば、他の著作物の文末だけを「です・ます」から「である」に書き換えて、自分の文章にはめ込むことが考えられる（75ページ盗用例1）。また、元の著作物を適度に省略しながら丸写しして、自分の文章の一部に紛れ込ませる場合もある（76ページ盗用例2）。しかし、このいずれの場合も盗用（剽窃）にあたる。何よりも問題なのは、当人に盗用しているという自覚がない場合が多いことである。

他の人の著作物は、その人の頭脳労働の成果（知的財産）である。著作者に断りもなく、それを勝手に自分の文章の中に紛れ込ませるような行為は決して行ってはならない。盗用（剽窃）は、著作権侵害という犯罪であり、処罰の対象となることもある。また研究倫理に反する恥ずべき行為でもある。たとえ、盗用しようという悪意がなくても、結果的に著作権侵害（盗用）を犯している場合があることを理解しなければならない。

このような不作為の盗用を防ぐためには、他の人の著作物を利用する際の正しい知識を持つ必要がある。本書では、言語思考技術の観点から「引用の定義」「引用のルール」について詳しく説明する。

## ②　引用の定義

『日本国語大辞典』（小学館）「引用」の項には、「自分の論のよりどころなどを補足し、説明、証明するために、他人の文章や事例または古人の言を引くこと」とある。前半が引用の目的、後半が引用の定義にあたる。しかし、「引用」を「〜を引くこと」と言い換えただけでは、定義としては不十分であろう。これに対して、木下是雄は、引用の定義、ルール、意義を以下のように説明している（傍線部筆者）。

ほかの人の発言をその人の発言としてそのまま伝える場合、また他の文献の中の記述をその文献の中の記述としてそのまま伝える場合には、それは事実の記述とされる。文献その他を参照して、その記述の真偽――本当にそういう発言（記述）があったのかどうか――を確認できるからである。

（木下是雄『理科系の作文技術』中央公論新社（中公新書）、一九八一年、105・106ページ）

「ほかの人の発言をその人の発言としてそのまま伝える」「他の文献の中の記述をその文献の中の記述としてそのまま伝える」が、引用の定義にあたる（以下の論では、「文献の中の記述」に限定して説明する）。傍線部「その文献の中の記述としてそのまま伝える」は、一見すると回りくどい印象を受ける。しかし、引用のルールを内包した厳密な定義であると評価できる。すなわち、「その文献の中の記述としてそのまま」は、引用のルールのうち【明瞭区別性（自他の区別）】【出所明示】【引用文を改変しない】と対応している。

## ③　引用のルール

### 1　【明瞭区別性（自他の区別）】

1の明瞭区別性は、引用のルールのうち最も重視すべきものである。引用に際しては、自身の文章と引用文（他の人の著作物）とを明瞭に区別することが求められる。引用文が短い場合と、長い場合の例をそれぞれ示す。

ａ　引用文が短い場合――引用部分を「　」でくくって、自身の文章と区別する。

（例１）　著作権法第32条１項には、「公表された著作物は、引用して利用することができる」とある。

（例２）　『日本国語大辞典』（小学館）「引用」の項には、「自分の論のよりどころなどを補足し、説明、証明するために、他人の文章や事例または古人の言を引くこと」とある。

いずれの場合も「　」でくくった部分が引用である。例２では、引用部は四八字で、引用部を含めた文全体は七七字である。これ以上引用が長くなると、一文が長くなるだけでなく、どこまでが引用にあたるのか読者が区別しにくくなる。引用を含めた一文の長さに注意する必要がある。

ｂ　引用文が長い場合――引用文の前後を一行空け、引用文全体を二字下げる。

（例）　米原真理は、国際化とグローバリゼーションの違いについて、以下のように述べている。

アメリカ人が言うグローバリゼーションは、自分たちの基準を世界に普遍させるということです。自分たちは変わらないということです。自分たちは正当であり、正義であり、自分たちが憲法である。これを世界各国に強要していくことがグローバリゼーションなのです。

つまり、同じ国際化と言っても、自分を世界の基準にしようとする「グローバリゼーション」と、世界の基準に自分を合わせようとする「国際化」との間には、ものすごく大きな溝があるわけです。正反対の意味ですよね。これを私たちはちゃんと自覚するべきだと思います。

（米原真理『米原真理の「愛の法則」』集英社（集英社新書）、二〇〇七年、65ページ）

米原はこれに続けて国際社会において日本人が陥りやすい思考の問題点について指摘している。（略）

自他の区別の方法は、右に示した例の他に、引用文のフォントを変える、段落を変えるなどもある（右の例の場合でも、引用文の前後を一行空けることはせず引用文全体を二字下げる、という方法もある）。専門分野によってルールが異なる場合があるので、それぞれの分野のルールに従う（なお、本書の他の箇所においては、引用文はフォントを変えている）。自他の区別の方法に違いはあっても、「自身の文章ではなく引用文である」と読者にはっきりと示すこと（明瞭区別性）が何よりも重要である。

次に、自他の区別がない例（盗用の例）を以下に挙げる。いずれの例も、右の米原の文章を元にしている。

**【盗用例1】**

国際化とグローバリゼーションの違いについて、私の意見を以下に述べる。アメリカ人が言うグローバリゼーションは、自分たちの基準を世界に普遍させるということである。自分たちは変わらないということだ。自分たちは正当であり、正義であり、自分たちが憲法である。これを世界各国に強要していくことがグローバリゼーションなのである。つまり、同じ国際化と言っても、自分を世界の基準にしようとする「グローバリゼーション」と、世界の基準に自分を合わせようとする「国際化」との間には、非常に大きな溝があるわけである。正反対の意味になる。これを私たちはちゃんと自覚するべきであると考える。（注）

（注）米原真理『米原真理の「愛の法則」』集英社（集英社新書）、二〇〇七年、65ページ

【盗用例2】省略した箇所に便宜的に★印を付けた。

国際化とグローバリゼーションの違いについて、私の意見を以下に述べる。アメリカ人が言うグローバリゼーションは、自分たちの基準を世界に普遍させるということである。(★)自分たちは正当であり、正義であり、自分たちが憲法である。これを世界各国に強要していくことがグローバリゼーションなのである。つまり、同じ国際化と言っても、自分を世界の基準にしようとする「グローバリゼーション」と、世界の基準に自分を合わせようとする「国際化」との間には、非常に大きな溝があるわけである。(★)これを私たちはちゃんと自覚するべきであると考える。(注)

(注)米原真理『米原真理の「愛の法則」』集英社(集英社新書)、二〇〇七年、65ページ

【盗用例1】では、元の文章に傍線部を付け加え、二重傍線部で文末の表現を変え、注として米原の著書を挙げている。【盗用例2】では、それに加えて元の文章を二カ所省略している(★印)。しかし、このいずれの場合も盗用にあたる。ほとんどが米原真理の文章の丸写しであり、自身の文章は傍線部だけである。米原の著書を注として示してはいるが、「自他の区別」は全くなされていない。さらに、米原の文章を自分の都合で勝手に書き直している。

ここには書籍からの盗用の例を示した。これはまた、インターネットの情報をコピーして、自身の文章を作成する際にも陥りやすい誤りでもある。適当に修正を加えさえすれば、丸写しに近い状態で他人の著作物を利用してもよい訳ではない。どんな場合にも、「明瞭区別性(自他の区別)」を忘れてはいけない。

## 2【出所明示】

73ページ傍線部「その文献の中の記述として」と対応する。どの文献（資料）から引用したのか、出所（出典）を明示する必要がある。文献の種類によって、必要な出典情報（出所明示の方法）が異なる。以下に例を示す。

a　書籍の場合――著者名・『書名』・出版社（者）・刊行年月・引用ページ

（例）木下是雄『理科系の作文技術』中央公論新社（中公新書）、一九八一年、105・106ページ

b　雑誌論文の場合――著者名・「論題」・『所収雑誌名』・巻号・刊行年月・引用ページ

（例）林治郎・岡田三津子「言語表現技術の理論と実践――「指導する」側の観点から――」『大阪工業大学研究紀要　人文社会篇』57巻2号、二〇一二年二月、12ページ

c　インターネットの情報の場合――サイトの概要・URL・参照年月日

（例）文化庁「著作物が自由に使える場合」http://www.bunka.go.jp/seisaku/chosakuken（参照年月日、二〇一八年一月二〇日）

インターネットの出所明示方法については、完全なルールが確立されているわけではない。右に示したのは、一般的なルールである。それぞれの専門分野のルールに従う。

また、出所明示は「引用が事実の記述である」ことと深く関わる。木下が説くとおり、元の文章（出典）を入手して引用と比べれば、引用が正確であるかどうか確認できる。真偽の客観的検証が可能であるため、引用全体が事実の記述となる。言い換えれば、文ではなく文章での事実の記述となる。

第三者が記述（引用文）の真偽を確かめるためには、その引用文の書誌情報（出典情報）は正確でなければならな

い。

## 3【改変不可（引用文を勝手に改変しない）】

73ページ傍線部「その文献の中の記述としてそのまま」のうち「そのまま」と対応する。引用者の都合で引用文を勝手に改変してはいけない。勝手な改変は著作権侵害となるからである。以下のような場合も改変に相当するので、注意が必要である。

a　引用者の都合で、引用文の一部分に傍線を引くなどの変更を加える場合
「傍線部筆者」「傍点部筆者」などの注記を加える。

b　引用文の一部分を省略する場合
（略）（中略）などの注記を加えて、引用文を省略したことを明確に示す。

c　引用文に明らかな誤りがあると判断できる場合にも、引用文を勝手に書き直してはいけない。原文どおりに引用して、該当箇所の横に「ママ」もしくは「原文ママ」と注記する。
また、論の都合上、原文の誤りを訂正した場合にはその旨を注記する。

以上、木下の引用の定義「他の文献の中の記述をその文献の中の記述としてそのまま伝える」と関連する引用のルールについて説明した。引用のルールには、他に【従属的範囲】【引用の必然性】がある。

## 4【従属的範囲（主従関係）】

自身の著作物が「主」で引用文が「従」であることが必要である。引用文が自身の著作物全体の従属的範囲に留

まるよう注意する。慣行では、引用文の割合は文章全体の三割以内にするべきだ、とされている。これも専門分野によってルールが異なる場合があるので、それぞれのルールに従う。

主従関係については、引用文の割合だけが問題にされるわけではない。著作権法の解釈と深く関わる場合が多いため、ここではそれには触れない。

## 5【引用の必然性】

自身の文章の中で、他の人の著作物をなぜ引用する必要があるのか、その「必然性」を説明する必要がある。言語思考技術における引用の必然性は、この引用がなければ自身の論は展開しないこと、と言い換えられる（著作権における「必然性」の解釈に比べると厳密なものである）。

レポートや論文の執筆は、書籍や資料を読み、自分で「事実」を調べることから始まる。その調査結果をふまえ、「事実の記述」で書き、その上で自分の考えを説明することに意義がある。様々なメディアにあふれている「うわべの感想」や、事実の裏付けのない「意見もどきの文章」を安易に引用するべきではない。また、自身の論を権威づけるために、著名人の意見を引用することも避けるべきである。たとえ表面上は引用のルールを守っていたとしても、このような引用は、たんなる「水増し」「字数稼ぎ」に過ぎないからである。自分のことばで説明するという姿勢を貫くなかで、引用の必然性を考えることが重要である。実証のための引用を意識する過程が、引用の必然性について考えることに繋がる。

### ④　引用の型

本書では、論の展開上、多様な引用を行っている。いずれの場合も【引用文の紹介→引用文→引用文への言及】

という型に従っている。引用文への言及が、引用の必然性の説明となる。
この型に従うことが、引用のルールを守ることに繋がる。

【補足1】文化庁ホームページには、「著作物が自由に使える場合」として以下のような記述がある。

著作権法では、一定の「例外的」な場合に著作権等を制限して、著作権者等に許諾を得ることなく利用できることを定めています（第30条〜第47条の8）。

これは、著作物等を利用するときは、いかなる場合であっても、著作物等を利用しようとするたびごとに、著作権者等の許諾を受け、必要であれば使用料を支払わなければならないとすると、文化的所産である著作物等の公正で円滑な利用が妨げられ、かえって文化の発展に寄与することを目的とする著作権制度の趣旨に反することにもなりかねないためです。

【補足2】さらに、引用における注意事項について、以下のように説明している。

引用における注意事項

他人の著作物を自分の著作物の中に取り込む場合、すなわち引用を行う場合、一般的には、以下の事項に注意しなければなりません。

(1)他人の著作物を引用する必然性があること。
(2)かぎ括弧をつけるなど、自分の著作物と引用部分とが区別されていること。
(3)自分の著作物と引用する著作物との主従関係が明確であること（自分の著作物が主体）。
(4)出所の明示がなされていること。（第48条）

文化庁「著作物が自由に使える場合」http://www.bunka.go.jp/seisaku/chosakuken
（参照年月日、二〇一八年一月二〇日）

# 4 推敲

相手にわかりやすい文章を書くためには、書く側の忍耐と手間暇がいる（「言語表現技術への提言」十一）。「忍耐と手間暇」とは、完成した文章をよりわかりやすいものにするために、何度も修正する（推敲する）ことを意味する。本章では、言語表現演習Ａ３「足元電気暖房器具」を例にして、推敲の実際について具体的に説明する。

演習Ａ３は、あらかじめ示した図と文を理解しておくことを事前の準備とし、以下の演習内容を教室で提示する。

**〈言語表現演習Ａ３〉**

次のページに示した図の電気器具を説明しなさい。

［注意点］㋐使用説明書や広告の文案を書くのではない。すでに使っているものとして、この器具を見たことも使ったこともない人に、文章（ことば）だけで説明するものとする。㋑最初に概要を示す。その後、事実の説明を二段落もしくは三段落で書く。必要であれば、意見もしくは感想は最後の段落に書く。㋒数値・カタカナは使わない。

### ① 演習の意図

右に示した注意点を踏まえて、本演習の意図について説明する。

注意点㋐「すでに使っているものとして」とは、説明者（演習を実施する者を「説明者」と称する。以下、同様）がこの器具について十分な知識を有していることを意味する。ほとんどの場合、説明者はこの器具を使ったことがない。それにも関わらず使用者の立場に立って説明するためには、自身で情報収集をし、この器具について理解しておく必要がある。それを踏まえて「この器具を見たことも使ったこともない人」に説明しなければならない。これは、

■全体図（平らな床に立てた状態）

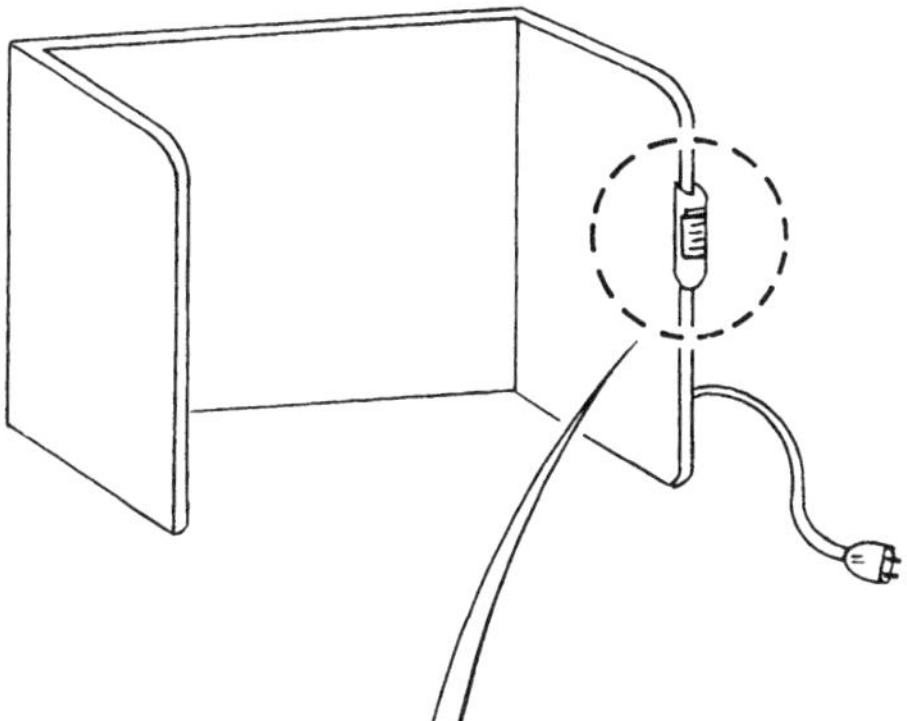

■部分拡大図

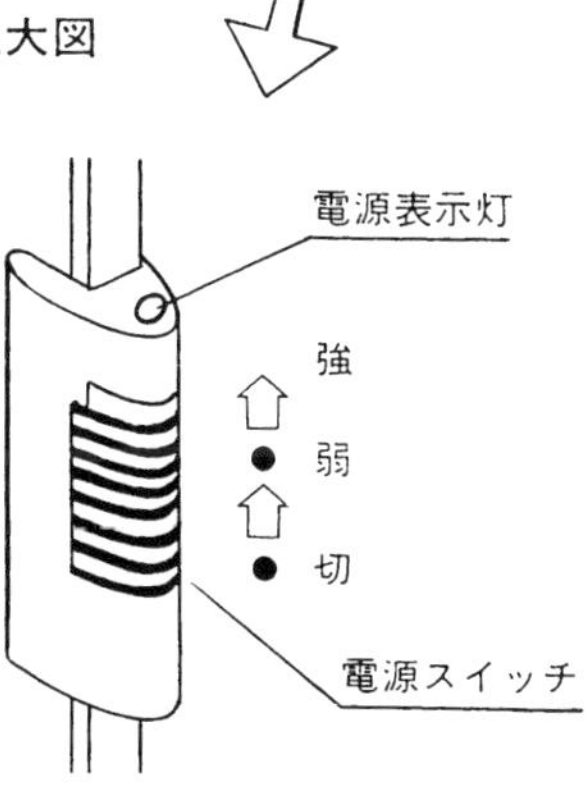


■展開図（単位はミリメートル）

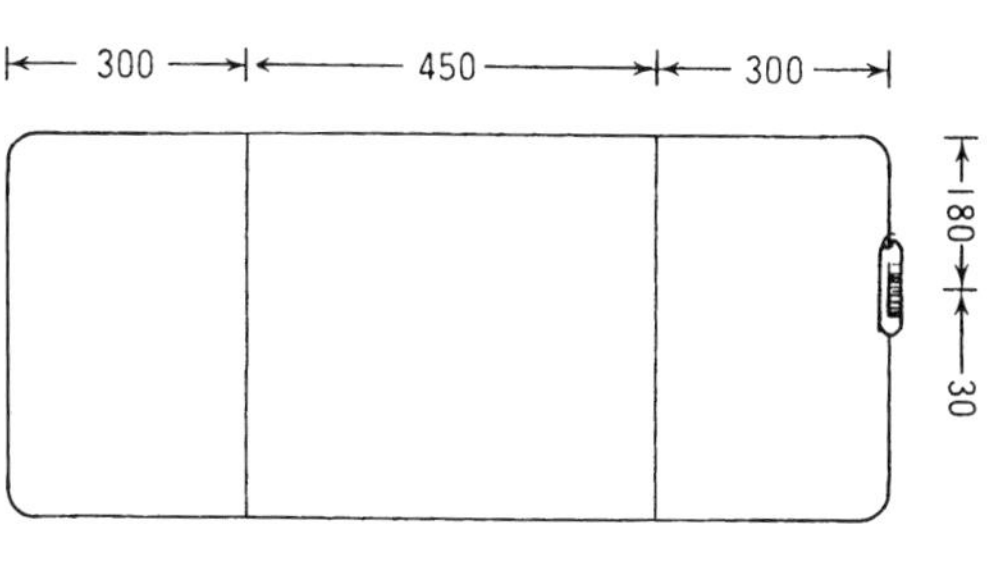

## ■仕様

発熱面は内側のみ。表面材はポリエステル不織布。
定格165W。温度制御サーモスタット。質量2.2kg。
標準表面温度　強55℃　弱37℃（室温20℃の場合）。
１時間の標準電気料金　約3.7円（室温15℃の場合）。

## 【参考数値】

消費電力
ホットカーペット３畳　700ワット
　　　　　　　　２畳　510ワット

エアコン６畳用　　　　2000ワット〜2500ワット
（ただし、インバーターの場合は常時この消費電力ではない）

風呂の温度　　　　　　39℃〜40℃
（ただし、空気伝導と液体伝導では、伝導率が異なることに注意）

暖房便座の表面温度　　低 34℃　中 38℃　高 40℃

＊以上の数値はあくまで目安であり、これらの数値を直接用いてはいけない。

## 【使用例】

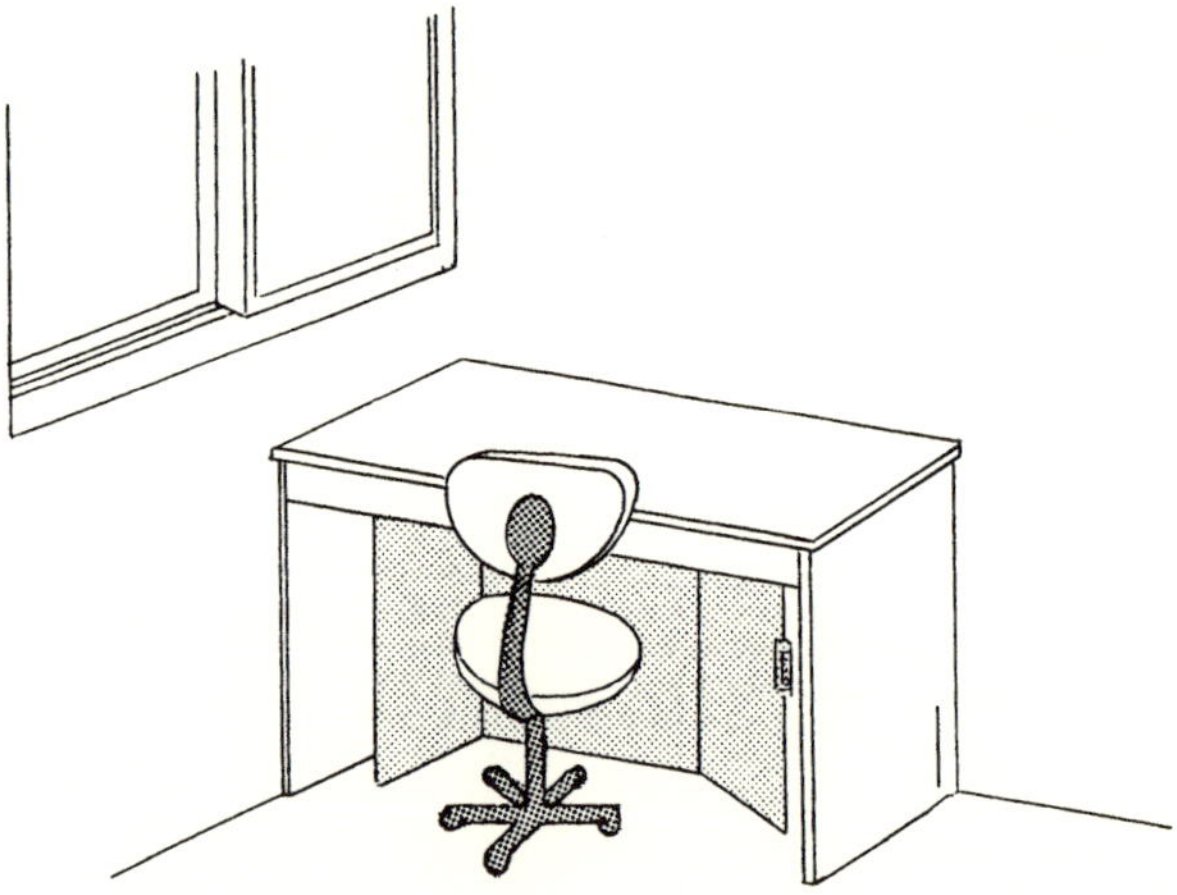

本図はパナソニックのデスクヒーター（DC-PKD3-C）をもとに
林治郎が作図したものである。

㋒の数値・カタカナの使用禁止とも関わる。この禁止事項がなければ、数値とカタカナを適当に組み合わせて、説明文らしきものは簡単に書ける。しかし、それでは予備知識がまったくない相手に対するわかりやすい説明にはならない。図を見せることも、数値とカタカナを使用することも禁止されたとき、どのような説明が有効か、様々な角度から検討することが求められる。それは、相手にわかりやすい説明とは何か、相手にわかりやすい説明の順序とは何か、について考える契機となる。

注意点の㋑は、説明文の基本的な構成（【1そのものの概要】・【2そのものについての事実の説明（事実の記述）】・【3（事実に基づいた）意見】）を示したものである。全体から細部へという説明の基本も踏まえている。

本演習は、実践を通じて「第三者に説明するための文章を書くときの原則」（本書50ページ所載）の総論Aから総論Fを理解することにも繋がる。

## ② 学生による解答例

学生による演習A３の解答例を以下に示す。

**〈文例１〉**

冬場に机に向かって作業をする際、足元を暖める器具について説明する。

台所で使う油除けのような形をしている。勉強机の下に入る程度の大きさである。横長の長方形で、長辺の二箇所で折り曲げる。実際に使用する際には、左右を三面鏡のように折り曲げ、それで足を囲う。それによって平均的な成人の膝から下を覆うことができる。

家庭用電源を使用する。設定温度は強弱の二段階に切り替えられる。発熱面は、囲いの内側にくる。こたつは上

部から熱を放出する。それに対してこの器具は、前と左右の三面から熱を放出する。（略）

〈文例1〉は、形、大きさ、使い方、仕様の順に説明している。演習の注意点を守り、平易な表現で予備知識のない相手にもわかりやすいように工夫している、と評価できる。

### ③　「十分な理解」は「わかりやすい説明」には直結しない

〈文例1〉と対照的な例として〈文例2〉を挙げる。

**〈文例2〉**（文頭の記号は便宜的に付したものである）

㋐本平面型電気温熱器は、机の下に設置して、膝から下を暖めるものである。㋑電気により板の内側のみ発熱させ、表面部は触れても安全なものになっている。㋒空気の加熱機構は放射現象を採用しており、熱効率は決して良くないが、局部加熱に適している。㋓温度は電気量を強弱の切り換えにより調節可能であり、外気温より足元は適度に高く設定可能である。㋔また頭脳の働きを効率よくすることを考えており、足元は高く頭は低く温度設定されている。㋕消費電力は、床面暖房や部屋全体を暖める空調機に比べて格段に低く安価な器具と言える。㋖本平面型電気温熱器は勉学に適した暖房器具と言える。

**〈文例2〉**は、本学工学部機械工学科に在職していた仲町英治先生が書いたものである（以下、「仲町さん」と称する）。二〇〇五年三月、仲町さんの依頼で仲町研究室に所属する学部生・大学院生を対象に「言語表現技術」の出前講義を行った。その際、説明文の具体例として、演習A３を制限時間四〇分で課した。学生たちが演習に取り組んでいる間、「私も書いてみましょうか」と仲町さんもペンを執り、一〇分足らずで仕上げた。これが**〈文例2〉**

である。演習後、学生の解答例について講評した際、〈文例2〉についても参加者全員で意見交換を行った。そこで出された意見を《修正すべき点1》として示す。

《修正すべき点1》

A　文㋑から文㋕では、一文で複数の内容を述べている。

B　2の結果、文㋑から文㋕には意見が混在している（一文に事実の記述と意見とが混在している）。

C　文㋑の「板の内側」は、曖昧な表現であり、具体的にどこを指すのかわかりにくい。

D　主述が呼応していない文（ヨジレた文）がある。

E　文㋐冒頭「本」は「この」の文章語である。この器具の実物も図も見せないで説明する文章の冒頭表現には、ふさわしくない。

F　段落分けがない。

仲町さんは「書き上げた後で読み直していれば、こんなことにはならなかったのですが。この器具について自分では理解できていても、それをことばで的確に説明するのは難しいですね」と苦笑いしておられた。

仲町さんのこの発言を受けて、以下の三点について改めて説明した。第一に、十分な理解が説明の大前提だということである。自分が理解できていないことは説明できない。仲町さんが、配布された図を見て即座にペンを取って〈文例2〉を仕上げたことがそれを物語っている。第二に、たとえ十分に理解していたとしても「事実をわかりやすく説明する文章」には直結しないという点である。そのためには、「第三者に説明するための文章を書くときの原則」を守ることが必要である。〈文例2〉では、事実と意見を区別する、一文に複数の事柄を記さない、などの基本的な点が守れていなかった。第三に、できあがった文章を点検し、わかりにくい点があれば何度も書き直す姿勢が求められるという点である。「読み直していれば、こんなことにはならなかった」という仲町さんの発言がそれを裏付けている。たとえ指導教官でも、与えられた条件を満たす文章を簡単には仕上げられないことを、学生たちは目の当たりにした。**〈文例2〉**の検討を通じて、「十分な理解」が必ずしも「わかりやすい説明」に直結しないことを実感できたはずである。

### ④ 推敲の実例

仲町さんから許可を得て、二〇〇五年の出前講義以来、**〈文例2〉**を演習A3の事後指導用教材として使っている。出前講義の際には、仲町さんの文章をどのように直すべきか、具体的に説明する時間的余裕がなかった。しかし、**〈文例2〉**を書き直す過程で、推敲の実際が学べると考えたためである。本書では、講義での指導を踏まえ、推敲の実例として**〈文例2〉**を段階的に修正する。

**【第一段階】**

一文には一つの内容を記すよう、文㋑から㋕を分割する。さらに、事実の記述と意見の文を区別し、意見には傍線を付した。元の文を分けた場合には㋑—②のように示し、元の文をいくつに分割したのかが、わかるようにした。

㋑電気により板の内側のみ発熱させる。㋑—②表面部は触れても安全なものになっている。㋒空気の加熱機構は放射現象を採用している。㋒—②熱効率は決して良くない。㋒—③局部加熱に適している。㋓温度は電気量を強弱の切り換えにより調節可能である。㋓—②外気温より足元は適度に高く設定可能である。㋔また頭脳の働きを効率よくすることを考えている。㋔—②足元は高く頭は低く温度設定されている。㋕消費電力は、床面暖房や部屋全体を暖める空調機に比べて格段に低い。㋕―②安価な器具と言える。㋖本平面型電気温熱器は勉学に適した暖房器具と言える。

**【第二段階】**

82ページの注意点に従って、概要・器具そのものの説明（事実の記述）・意見（器具の利点）の三段落構成とする。その際、修正すべき点Eを踏まえて、文㋐を書き直す。

㋐机の下に設置して膝から下を温める平面型電気温熱器について、説明する。

㋑電気により板の内側のみ発熱させる。㋒空気の加熱機構は放射現象を採用している。㋓温度は電気量を強弱の切り換えにより調節可能である。

㋑―②表面部は触れても安全なものになっている。㋒―②熱効率は決して良くない。㋒―③局部加熱に適している。㋓―②外気温より足元は適度に高く設定可能である。㋔また頭脳の働きを効率よくすることを考えている。㋕消費電力は、床面暖房や部屋全体を暖める空調機に比べて格段に低い。㋕―②安価な器具と言える。

㋖本平面型電気温熱器は勉学に適した暖房器具と言える。

**【第三段階】**

文㋑「板の内側」が、どこを示すのか具体的にわかるように書き直す。文㋒―②は、利点の説明にはふさわしくないので削除する。文㋓および文㋓―②のヨジレを修正する。第三段落の内容を整理して、「列挙の方法（第一に～第二に～）」に改める。新たに書き加えた箇所は**ゴシック体**で示す。

㋐机の下に設置して、膝から下を温める平面型電気温熱器について説明する。
㋑**折り曲げた際に**内側**になる部分**を電気によって発熱させる。㋒空気の加熱機構は放射現象を採用している。㋓電気量を切り換えることで温度調節を行う。
**この器具の利点を、五点示す。**㋑―②**第一に、**表面部に触れても安全である。㋒―③**第二に、**局部加熱に適している。㋓―②**第三に、**足元の温度を室温より適度に高く設定できる。㋔**第四に**頭脳の働きを効率よくすることを考えている。㋕**第五に**消費電力は、床面暖房や部屋全体を暖める空調機に比べて格段に低い。㋖**以上の点から、**この器具は勉学に適した暖房器具だと言える。

**【第四段階】**

文㋒の説明を補足する。第三段落の内容を整理し、情報を補う。新たに書き加えた箇所は**ゴシック体**で示す。

**〈修正例1〉**

㋐机の下に設置して、膝から下を温める電気温熱器について説明する。
㋑折り曲げた際に内側になる部分を電気によって発熱させる。㋒放射現象により足元周辺の空気を暖める。㋓電気量を切り換えることで温度調節を行う。
㋑―②この器具の利点を三点示す。㋑―②第一に、表面部に触れても安全である。㋒―③第二に、局部加熱に適している。㋓―②足元の温度を、室温より適度に高く設定できる**ようにしているためである。**㋔**その結果、**頭脳の働きが効率よくなる。㋕第三に、床面暖房や部屋全体を暖める空調機に比べて消費電力が各段に低い。㋖以上の点から、勉学に適した暖房器具であると言える。

### ⑤ 形式を整えるとさらに修正すべき点が見つかる

以上の修正を踏まえて、書き直した文例を改めて読むと、さらに以下の点に気が付く。

《修正すべき点2》

A 「事実の説明を二段落でする」という演習の条件を満たしていない。

B 器具そのものの説明が少ないので、どのような器具かわからない。概要の後に、形や大きさ、使い方を説明するべきである。

C 第二段落に比べて、器具の利点を述べた第三段落が長い。

D 「表面部に触れても火傷の心配がない」理由を、具体的に説明するべきである。

E 部屋全体を暖める空調機（エアコン）と比較すると、この器具の特徴がはっきりする。

F 「各段に低い」とせず、具体的なデータを示すべきである。

**【第五段階】**

《修正点すべき点2》に従って、第二段落に形状・大きさ・使い方の説明を加える。文㋕の「格段に」を削除すれば、事実の記述となる。そこで、文㋕を第三段落（器具そのものの説明）に移動し、補足説明を加える。第四段落の内容を整理する。新たに書き加えた箇所は**ゴシック体**で示す。

**〈修正例2〉**

机の下に設置して、膝から下を温める電気温熱器について説明する。

**展開すると横長の長方形となる。左右二カ所で折り曲げ、机の下に設置する。折り曲げると、一般的な成人の膝**

**から下を覆う程度の高さおよび幅となる。**

電気により、折り曲げた際に内側になる部分を発熱させる。放射現象により足元周辺の空気を暖める。電気量の切り換えによって温度調節を行う。部屋全体を暖める空調機に比べて消費電力が低い。**一時間の使用電力は、六畳用の空調機の約一二分の一である。**

部屋全体を暖める空調機と比べて、この器具のほうが勉学に適している。その理由を三点挙げる。第一に、表面部に触れても火傷の心配がない。**表面部を不織布で覆っているためである。**第二に消費電力が低いため、**長時間使用しても電気代がかからない。**第三に、足元の局部加熱に適している。**その結果、頭寒足熱の状態となり、**頭脳の働きが効率よくなる。以上の点から、この器具の方が勉学に適していると言える。

**〈修正例2〉**では、第二段落・第三段落（器具そのものの説明）と第四段落（意見）とがほとんど同じ長さである（第二・第三段落の合計は一八七字、第四段落は一八九字）。一方、**〈修正例1〉**は、第二段落（器具そのものの説明）が六六字、第三段落（意見）が一五八字である。この比較から、**〈修正例2〉**が事実の十分な説明を踏まえて意見を述べていることがわかる。

**⑥「見知らぬ他者」に配慮した説明を目指す**

以上、本章では、**〈文例2〉**の推敲の過程を段階を追って示した。まず「第三者に説明するための文章を書くときの原則」に従って、細部の修正を何度も加えた。その結果が**〈修正例1〉**である。**〈文例2〉**と**〈修正例1〉**は、同じ内容であっても「読者にかける負担」に大きな差がある。この比較を通じて「見知らぬ他者」に配慮した説明のためには、「第三者に説明するための文章を書くときの原則」を守ることがいかに大切か、改めて理解できるはずである。さらに、〈**修正例1**〉のように全体の体裁を整えることで、もう一段階上の修正点に気付く。これが《修正すべき点2》である。すなわち、形式を整えることによって新たな問題点が発見でき、改めて文章全体の構成を考えるようになる。《修正点すべき点2》は、より次元の高い問題意識だと言えるだろう。

「事実をわかりやすく説明する文章を書く」ためには、できあがった文章を何度も読み直し、修正を繰り返す必要がある。見知らぬ他者が説明相手であることを常に意識して、書き終えた文章を推敲することは、言語思考技術に繋がる。

# 5 自己点検表

## ① 自己点検表Ⅰ 「第三者に説明するための文章を書くときの原則」

言語表現技術習得のための自覚的訓練の第一段階は、先に説明した「第三者に説明するための文章を書くときの原則」に従った文章作成を目指すことである。技術としての「型」を身につけることに繋がる。

自覚的訓練の第二段階は、できあがった文章を第三者の視点から再読し、修正することである。第三者の目を持つことが他者に負担をかけない文には必要となる。

音読による点検は、第三者の視点に繋がる有効な手段である。自分が書いた文章を自分の声で聞くことは、黙読にはない二つの利点がある。第一の利点は、誤字・脱字・変換ミスが見つかりやすいことである。黙読ではどうしても自分の文章を読む速度が早くなり、誤字・脱字を見逃しやすい。これに対して声に出して読むと、読む速さが制限されるので誤字・脱字が見つかりやすい。第二の利点は、文のヨジレに気づきやすいことである。音読してみて、すらすらと読み進めない箇所がある場合、文のヨジレがあることが多い。その箇所を繰り返し音読すれば、どのように修正すべきかわかるようになる。修正して、再度音読すれば、適切に直せたかどうかもわかるはずだ。

しかし、音読には、長い文章の点検には適さない、という難点がある。その場合、「自己点検表Ⅰ」の活用が有効である。「自己点検表Ⅰ」では、「一文の長さ」「文末」「文頭」「表現」と着目すべき点を分類しているので、観点を変えて何度も読み直すことができる。それはまた、第三者の目で自身の文章を再読し、修正することにも繋がる。さらに、「自己点検表Ⅰ」を用いて書き終えた文章を修正する習慣によって、「第三者に説明するための文章を書くときの原則」が自然に身につく。

**② 自己点検表Ⅱ　形式要件から点検する**

今日では、特殊な場合を除いて、ワープロソフトを用いて文章を作成することが一般的になった。その場合、書式設定をはじめとする形式要件にも注意する必要がある。書式設定・フォントの選定等、相手の読みやすさ（見やすさ）に配慮することが大切である。どんなに優れた内容であっても、形式要件が整っていない文章は読み手に対する配慮がないものとして扱われる。

「自己点検表Ⅱ」には、完成した文章を形式面から点検するための項目を挙げている。形式を整えることで新たな観点から文章全体を見渡すことも可能となる（この点については、「4　推敲」で詳しく説明している）。

## 自己点検表Ⅰ（「第三者に説明するための文章を書くときの原則」）

| 自己点検項目<br>提出前に、A～Qを念頭において必ず読み直す。<br>（周囲に人がいないときは音読する）<br>よい場合は○、ダメな場合は△を付け修正する。<br>修正したのちもう一度点検する（何度でも点検して書き直す）。 | | | チェック欄 | 訂正確認欄 |
|---|---|---|---|---|
| **大前提** | 0-1 | 手書きの注意は守れているか←手書きの場合 | | |
| | 0-2 | 書式設定は適正か←ワープロソフト使用の場合 | | |
| | A | 誤字・脱字・変換ミスはないか | | |
| **文　末** | B | 「です」・「ます」を用いていないか | | |
| | C | 「のだ」・「のである」を多用していないか | | |
| | D | 文末に「思う」を用いていないか | | |
| | E | 体言止を用いていないか<br>（「こと」・「もの」等で文を終えていないか） | | |
| **文　頭** | F | 文頭に「そして」を用いていないか | | |
| | G | 文頭に「さて」・「ところで」を用いていないか | | |
| | H | 「私」で始まる文を書いていないか | | |
| **一文の長さ** | I | 一文の長さは適正か | | |
| | J | 一文で複数の事柄を述べていないか | | |
| | K | 接続助詞の「が」を用いていないか | | |
| | L | 主述は呼応しているか（ヨジレはないか） | | |
| **表　現（説明）** | M | 「非常に」・「絶対」などを用いていないか<br>（「原則」【各論】の⑦・⑧は守れているか） | | |
| | N | くだけた話しことばを用いていないか | | |
| **表　記** | O | 不必要に漢字を用いていないか | | |
| **その他** | P | 平易なわかりやすい表現を心がけているか<br>（安易に専門用語を多用していないか） | | |
| | Q | カタカナ語を多用していないか | | |

## 自己点検表Ⅱ（形式要件から点検する）

| 自己点検項目<br>提出前に、以下の項目を念頭において必ず読み直す。<br>よい場合は○、ダメな場合は△を付け修正する。<br>修正したのちもう一度点検する（何度でも点検して書き直す）。 | | チェック欄 | 訂正確認欄 |
|---|---|---|---|
| **形式要件** | 書式設定は適切か（基本は40字×40行） | | |
| | フォントを適切に選んでいるか<br>（本文は10〜10.5ポイント、明朝体が基本） | | |
| | 全体の書き出し（本文冒頭）を一字空けているか | | |
| | 段落設定ができているか<br>（段落の変わり目で改行し、段落冒頭を一字空ける） | | |
| | 末尾に総字数を記しているか（字数制限がある場合） | | |
| | ページ番号を付けているか | | |
| | 表題（タイトル）は適切か | | |
| | 章立てができているか（レポート・論文の場合） | | |
| | 要約は適切か（レポート・論文の場合） | | |
| **引用のルール** | 明瞭区別性はあるか<br>（自身の文章と引用文とを明確に区別できているか） | | |
| | 出所を明示しているか（書誌情報は正確か） | | |
| | 引用の割合は適正か（主従関係があるか） | | |
| | 引用文を改変していないか | | |
| | 引用の必然性は説明できているか | | |
| | 引用の型を守っているか<br>（引用文の紹介→引用→引用文への言及） | | |
| **参考文献** | 信頼できる参考文献（情報源）に拠っているか | | |
| | 参考文献の書誌情報を正確に記しているか | | |
| | 複数の情報源で点検できているか | | |
| **注（脚注）** | 注を適切につけているか | | |

第III部

# 演　習　編

## 【演習編　はじめに】

前著とは異なり、「言語によって思考する」ために、全体を構成する演習を載せた。

また、「事実の記述」に重点を置いた「調べる」ことも課題の一つである。


演習1では調べることと構成することの組み合わせで「言語思考技術」の初歩を学ぶ。

演習2では全体を構成するために「思考」の枠組みをどうすれば良いかを学ぶ。

演習3では「演習1」「演習2」をより深めた「言語思考」による構成になるかを学ぶ。

演習4ではどう書き直せば「思考」を「言語化」し明確にできるかを学ぶ。

# 1 LED

**【事前の準備】**

発光ダイオード（LED）開発の歴史と、青色発光ダイオード発明の意義について調べておく。

「LED」についての説明を「**第三者に説明するための文章を書くときの原則**」に従って、よりわかりやすい文章に書き直しなさい。①〜⑤は段落番号である。〈例〉を参考にして書く。**手書きの原則を必ず守る。**

①

**なるほドリ**　発光ダイオード（LED）って何？

**記者**　白熱電球や蛍光灯とは違う仕組みで光る電子部品です。信号機・照明器具・携帯電話のバックライトなどとして使われています。

②

**Q**　どうして光るの？

**A**　LEDは、条件によって電気を通したり、通さなかったりする半導体を2種類組み合わせて作ります。一つの半導体はp型と呼ばれ、プラスの電荷を持った「正孔（電子が抜けた穴）」があり、もう一つはn型で、マイナスの電荷を持つ電子があります。この二つをくっつけて電圧をかけると、n型の電子がp型の正孔にはまってエネルギーが生まれ光ります。

③

Q　どんな色に光るの？

A　半導体の材料によって光の色が変わります。最初に開発されたのは「赤色」（1962年）で、次に「緑色」ができました。照明などに使うためには白い色が必要ですが、白を含む他の色は、赤、緑、青の3色を組み合わせて作ることができます。日本人が「青色」を開発したので、幅広い用途のLEDが実現できたのです。

④

Q　他の照明とは何が違うの？

A　例えば白熱電球は、金属線に電気を流して、いったん熱に変えてから光らせるため効率が悪いです。これに対し、LEDは半導体の結晶に電圧をかけ、電気を直接光に変えます。効率が高く、数十倍も長持ちします。また、構造が複雑ではないので、大量生産に向いています。

⑤

Q　すごいですね。

A　白いLEDが登場したのは96年ですが、それ以降もLEDの光を出す効率がどんどん向上し、低価格化も進んでいます。日本人が開発した技術が今、世界で進む省エネを支えているのです。

回答・大場あい（科学環境部）（毎日新聞、二〇一四年一〇月八日朝刊。引用者注　質問者を「なるほドリ」というキャラクターに設定したものである。）

〈例〉①発光ダイオードとは白熱電球や蛍光灯とは違う仕組みで光る電子部品である。信号機・照明器具・携帯電話のバックライトなどとして使われている。

## 2 バス組み立て

以下の文章「はじめに鋼管と鋼板ありき」を読み、バスの歴史や組み立て方法などを理解した上で、重要な「**単語**」（**文章や語句はいけない**）をメモしてから、以下の指示に従い自分で文章を組み立てなさい。必要なら図を書いても良い。元の文章を読み、メモし終えるまでの制限時間は**20分**である。演習時間は**60分**とする。

**【第一段落】** バスの歴史を**説明**する。
**【第二段落】** 今作られているバスと昔のバスを**比較**して、現在のものの利点を説明する。
**【第三段落】** 現在のバスの製造工程を**説明**する。

**もの語り**

はじめに鋼管と鋼板ありき――。バスのボディーは直方体である。簡単に言うと、辺の部分は鋼管が、面の部分は鋼板が形作る。まず、角パイプ状の鋼管を溶接し骨格を作る。そこに、専用マシンで鋼板から裁断し、成形されたルーフ（屋根）やサイドパネルを取り付ける。さらに、顔（フロント）とおしり（リア）を合体させると、ボディーができあがる。

三菱ふそうバス製造（富山市）の工場には、こうして作られた、タイヤもエンジンも運転台も椅子も取り付けられる前のくすんだ銀色のボディーが並んでいた。魂（エンジン）も足（タイヤ）もない、いわばバスの「骸骨」だ。

骸骨は英語でスケルトンという。近年のバスの車体は、まさに〈スケルトンボディー〉と呼ばれる構造をしている。鋼管を縦横斜めに組み合わせ、車体にかかる力（応力）を鋼管だけに負担させる仕組みだ。日野自動車が1977年、国内で初めてスケルトンバスを発売し、その直線的なスタイルは、バス製造界に革命を起こした。

そもそも、戦後の日本のバスは、〈モノコックボディー〉と呼ばれる構造をしていた。入門書『バスのすべて』（広田民郎著、グランプリ出版）によると、米国で30年代に考案されたモノコックバスは、強い張りのあるバスの表皮が応力の大半を担い、丸みを帯びた形や外板同士を結合するリベット（鋲《びょう》）が特徴だった。30年ほど前まで、角が丸まった愛嬌《あいきょう》のある車体に、鋲がボツボツと浮かび上がったバスが走っていたのを覚えている方も多いだろう。レトロなスタイルは今も人気が高く、バス専門誌の特集の定番だ。

ただ、モノコックバスには窓やドアを大きくできない欠点がある。一方、スケルトンバスは、外板はただの覆いとなるので、窓も大きくでき、車体下部に荷物入れの扉を開けることも可能だ。リベットもなくなり、外見もスッキリ。ボディーが軽量化された結果、燃費も良くなった。他のメーカーが日野を追随し、スケルトンバスを作り始めたのは必然だった。

構造は近代化されても、バスがハンドメードであることは変わらない。案内していただいた組立課長の冨田恵一さんによると、大型バス1台を作るために、延べ約250人の手がかかっているという。冨田さんは「仕様書と図面を見ながらの職人技です」と強調する。工場には「溶接道場」と太く揮毫《きごう》された看板が掛かる小部屋もあった。「溶接作業では熱でひずみができることがある。それを見越して、いかに図面通りに精度良く仕上げることができるかが大切」と冨田さん。取材日は見ることができなかったが、道場では先生役の「マイスター」の下、工員が修業を積む。壁には、失敗した溶接の断面写真が並ぶ。駆け出しの若手は、補強材の取り付けなどから始め、ベテランになると、シャシー（車台）の結合部の溶接といった重要な作業を任せられるという。

さて、骸骨バスはやがて電着塗装という工程に入る。ボディーの下塗りにあたり、防錆《ぼうせい》力を得るためには欠かせない。

まず、2階部分にバスを専用台車で持ち上げ、ボディーを丸ごと塗料の入った深さ5メートルほどの特殊な塗装槽に漬ける。この大型電着槽は、93年にできた工場自慢の施設。そこに、電気を流すこと約6分。槽から再び姿を現したボディーは、くすんだ銀色から黒っぽく変色していた。さらにオーブンで焼き付け、電着塗装の工程は終わる。

塗装にほこりは大敵だから、電着ラインの施設の窓は閉め切ったまま。気温は確実に40度を超えている。汗が流れ落ち、サウナのようだ。

（毎日新聞、二〇一一年九月一八日　文・広瀬登）

**【書くための準備メモ】**各段落で**説明**上、主要な「**単語**」（**文章や語句はいけない**）を書く。

**【第一段落】**

【第二段落】

【第三段落】

## 3 作業興奮

以下の文章「作業興奮」を読み、「ヤル気」と作業興奮を理解した上で、重要な「**単語**」（**文章や語句はいけない**）をメモしてから、以下の指示に従い自分で文章を組み立てなさい。必要なら図を書いても良い。元の文章を読み、メモし終えるまでの制限時間は**20分**である。演習時間は**60分**とする。以下の各項目を説明し、段落の順番は自分で構成しなさい。最後に**【題名】**をつける。

①作業興奮とはどのようなものかと、誰によって作業興奮と名付けられたかを**説明**する。

②「ヤル気」はどのようなもので、脳のどこで作られるかを**説明**する。

③「ヤル気」と作業興奮の関係を**説明**する。

④本文中にない具体例を挙げて**説明**する。

⑤どのようなことに「ヤル気」が必要なのかを記す。

## 脳心理学コラム12　作業興奮

**神と悪魔が闘っている。そして、その戦場こそは人間の心なのだ。ドストエフスキー（作家）**

心の葛藤《かっとう》は勉強でも常に生じています。「勉強しなきゃいけないのは分かっているけど、どうしてもヤル気が出ない」と感じることはありませんか。実際に、「ヤル気」は勉強の原点であるといってもよいくらい重要な要素です。

ヤル気は、脳の「側坐核《そくざかく》」という場所などで作られます。側坐核は直径一センチメートル以下のとても小さな脳部位で、脳の中心近くに存在しています。この側坐核の性質がやっかいなのです。側坐核を活動させるためには、ある程度の刺激が必要なのです。刺激が来ないと十分な活動をしてくれません。

ですから、何もしないでいて「ヤル気が出ない」のは、当たり前なのです。刺激を入れなければ側坐核は活動しないので、ヤル気のだしようがないわけです。ですから、ヤル気が出ないときには、まずは何より机に向かって勉強を始めてみましょう。とにかく側坐核を刺激するのです。そうすると、しだいにヤル気が生じて勉強に集中できるようになっていきます。案ずるより産むが易し。勉強は始めさえすれば五十％終わったようなものです。たとえば大掃除。皆さんにも、嫌々ながら掃除を始めたにもかかわらず、そのうちに気分が乗って、部屋をすっかりきれいに片づけてしまったという経験があるでしょう。

こうした現象は精神医学者クレペリンによって「作業興奮」と名づけられました。始めてしばらく経《た》つと、調子が乗ってきて、集中できるようになる。これが作業興奮です。側坐核が目を覚ますのには時間がかかります。だから、とにかく机に向かって勉強を始める。そして、始めたら十分は中断しない。この姿勢が肝心です。

池谷裕二『受験脳の作り方』新潮社（新潮文庫）、二〇一一年。

## 4 インフィニティ・シェーク

本書18～21ページの岸久の文を読み**「第三者に説明するための文章を書くときの原則」**に従って、よりわかりやすい文章に書き直しなさい。

＊念のための補足を記す。

元の文は「カクテル」にある程度知識のある人に向けて書かれているので、「専門用語」が出てくる。一般向けでない語については以下に補足しておくので、その語についての説明は省略して良い。

「ステア」　ミキシンググラスに氷と材料を入れバースプーンで混ぜ、氷を取り除くためにミキシンググラスにストレーナーをセットして氷を取り除いて、飲用のグラスに注いで作る。

「ビルド」　飲用のグラスに直接材料を注ぎ作る。

「サイドカー」　ブランデー、ホワイト・キュラソー、レモン・ジュースをシェーカーに入れシェークして作るカクテル。

# 第IV部

# 応　用　編

## 【応用編　はじめに】

言語思考技術の前提として応用例の演習二つを示す。
社会と言語についてのまとめを説明する。
最後に「言語思考技術」をより深く獲得するための教訓を示す。

# 1 「二千年前に電波通信法があった話」による演習

＊『言語表現技術ハンドブック』演習A1より再録し補足説明を加える。

## 二千年前に電波通信法があった話

欧州大戦の（一九一四〜一九）真っ最中に、アメリカのイリノイ大学の先生方が寄り集まって古代ギリシアの兵法書の翻訳を始めた。その訳は、人間の頭で考え得られる大概のことは昔のギリシア人が考えてしまっている、それだからギリシアの戦術を研究すれば何かしらきっと今度の戦争に役に立つような、参考になるようなうまい考えの掘出しものが見付かるだろう、というのであった。それで大勢のギリシア学者が寄合い討論をして翻訳をした、その結果が「ロイブ古典叢書」の一冊として出版され我国にも輸入されている。その巻頭に訳載されている「兵法家アイネアス」を冬の夜長の催眠剤のつもりで読んでみた。読んでいるうちに実に意外にも今を去る二千数百年前のギリシア人が実に巧妙な方法でしかも電波によって遠距離通信を実行していたという驚くべき記録に逢ってすっかり眠気をさまされてしまったのである。もっとも電波とは云ってもそれは今のラジオのような波長の長い電波ではなくて、ずっと波長の短い光波を使った烽火《のろし》の一種であるからそれだけならばあえて珍しくない、と言われるかもしれないが、しかし、その通信の方法は全く掛け値なしに巧妙なものといわなければならない。その方法というのは次のようなものである。

先ず同じ形で同じ寸法の壺のような土器を二つ揃える。次にこの器の口よりもずっと小さい木栓《せん》を一つずつ作ってその真中におのおの一本の棒を立てる。この棒に幾筋も横線を刻んで棒の側面を区分しておいてそれからその一区分ごとに色々な簡単な通信文を書く。例えば第一区には「敵騎兵国境に進入」第二区には「重甲兵来る」といった風な、最も普通に起こり得べき色々な場合を予想してそれに関する通信文を記入しておく。次にこの土器に水を同じ高さに入れておいてこの木栓を浮かせると両方の棒は同高になること勿論《もちろん》である。そこでこの容器の底に穴をあけて水を流出させれば水面の降下につれて栓と棒とが降下するのであるが、その穴の大きさをうまく調整すると二つの土器の二つの棒が全く同じ速度で降下し、いつでも同じ通信文が同時に容器の口のところに来ているようになるのである。このような調整が出来たらこの二つの土器を、互いに通信を交わしたいと思う甲乙の二地点に一つずつ運んでおく。そこで、甲地から乙地に通信をしようと思うときには先《ま》ず甲で松明を上げる。乙地でそれを認めたらすぐに返答にその松明を上げて同時に土器の底の栓（先に記した浮かしてある木栓《せん》とは別のもの）を抜いて放水を始める。甲地でも乙の松明の上がると同時に底の栓を抜く。そうして浮かしてある栓の棒がだんだんに下がって行って丁度所要の文句を書いた区分線が器の口と同高になった時を見すましてもう一度烽火をあげる。乙の方ではその合図の火影を認めた瞬間にぴたりと水の流出を止めて、そうして器の口に当る区分の文句を読むという寸法である。

（「変わった話二」一部語句を現代風に改めた）

『寺田寅彦全集』第四巻、岩波書店、一九九七年。

① **右の文を読んでから演習をする。**

問題内容は『言語表現技術ハンドブック』には記載していない。手順を書くと、この演習の肝要な部分が大幅に損なわれるからである。今回は、既に『言語表現技術ハンドブック』を理解していることを前提とし、本書を**初めて読む読者の理解を深める意図もあり**、あえて問題の手順および解答例を載せる。

② **以下は、演習実施にあたっての留意点である。**

**【目的】**

1　十分な理解が言語表現技術（分かりやすい説明）への第一歩であることを体験する。

2　自分の頭の中で再構成することの大切さを知る。

**【以下の二点を事前準備として示す】**

1　寺田寅彦の文章をよく読んで理解しておく。

2　演習方法については当日指示する。

**【演習方法】**

1　教室で改めて寺田寅彦の文章を読ませる（字句の意味についての質問があれば受け付ける）。

＊後半部分を教員が音読する（これは省略も可）。

2　用紙一枚目を配り、壷の仕組みと通信方法を図解させる（約一五分）。

＊参考【元の演習の設問】別紙の文章を読み、そこに出てくる壺を図解しなさい。二つのうちの一つの壺を描けばよい。二つの壺と松明《たいまつ》を使って、離れたところに通信する方法を示すために時間の経過とともにいくつかの段階を書く場合は、時間順に番号をつけて図解すること。

3　用紙二枚目を配り、壷の仕組みと通信方法を書かせる。自分で書いた図を参照して、水と壺を用いた光波による電波通信法を「**この通信法を知らない**」他者（第三者）に説明しなさい。ただし、説明する際には**図を相手に見せないで文章のみ**を使うものとする。固有名詞を使う必要はない。

段落分けは以下のようにする。〈第一段落〉壺そのものの仕組みを書く。〈第二段落〉二つの壺と松明を使って、離れたところに通信する方法を書く。〈第三段落〉意見があれば記す。

**【補足説明】**

1　注意事項　図解に単語は書き入れても良いが、文章を写してはいけない。
2　用紙二枚目配布の前に『言語表現技術ハンドブック』を閉じるよう指示する。以後は寺田寅彦の文章が参照不可な（文章を見てはいけない）旨を告知する。
3　暗記力を確かめる問題ではないことを強調する。
4　「自己点検表」を用いた点検修正の時間を最後に与える（一〇分）。

**③　学生による解答例を参考として示す。**

演習には「模範解答」は存在しない。多種多様な書き方があることを理解させることが必要である。寺田寅彦の原文も「模範解答」とはならない。よく読むと、結構「第三者に説明するための文章を書くときの原則」に反する部分もある。

理解した「壺による通信法」は一つしかない。しかし、それを文章で表現するやり方は無限にある。いままでの学生の答案何千枚のうち同じものはない。図の方は巧拙はあっても、たまに同じものに出会う。ここが言語による表現の面白く複雑なところだ。壺や松明（烽火）や栓という言葉は一つしかないのに、寺田寅彦の示した事実に基づいて文章を組み立てると、人によって様々な形となる。

さらに、説明の順序も様々である（基本は「全体」から「細部」の順である）。この段階では【段落構成】は指示に従わせるようにしている。しかし、先へ進んだ演習で、この指示を外すともっと色々な文章になる。言葉一つ一つは同じであっても、言語の組み合わせは無限なのだ。

この点について、さらに詳しくは【3　「個」と社会】の解説で述べる。

【図解の例】

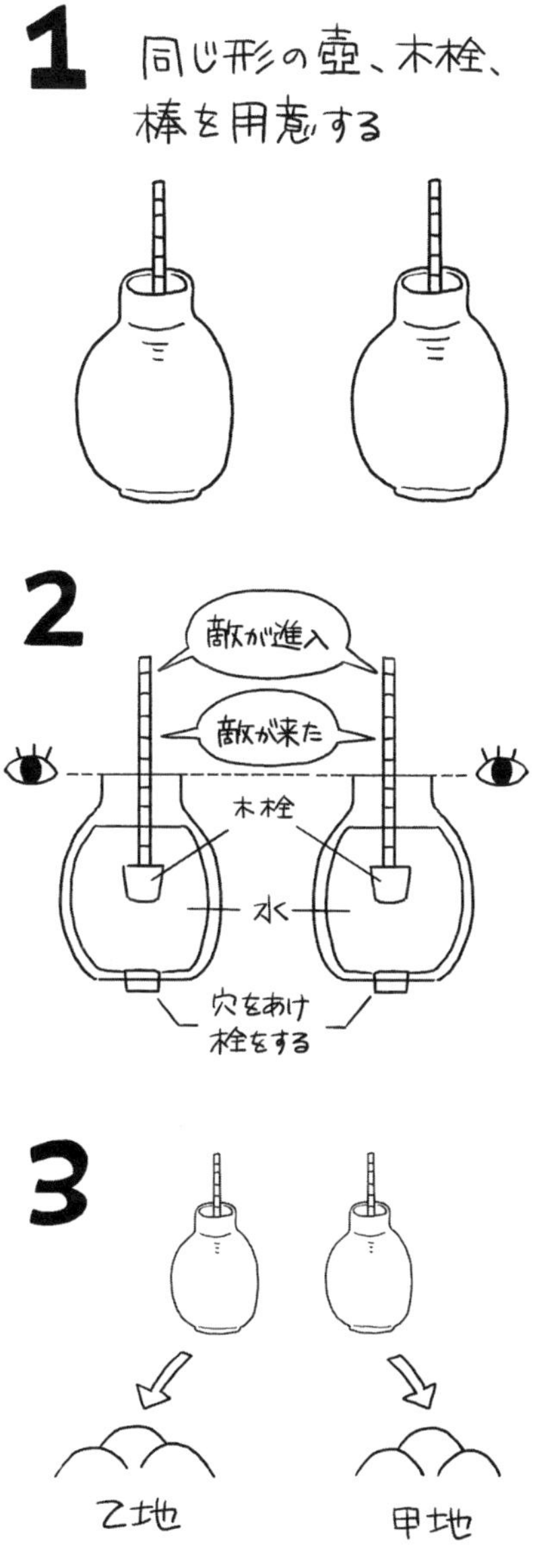


（学生による図を修正の上ハヤシリョウコが作図した）

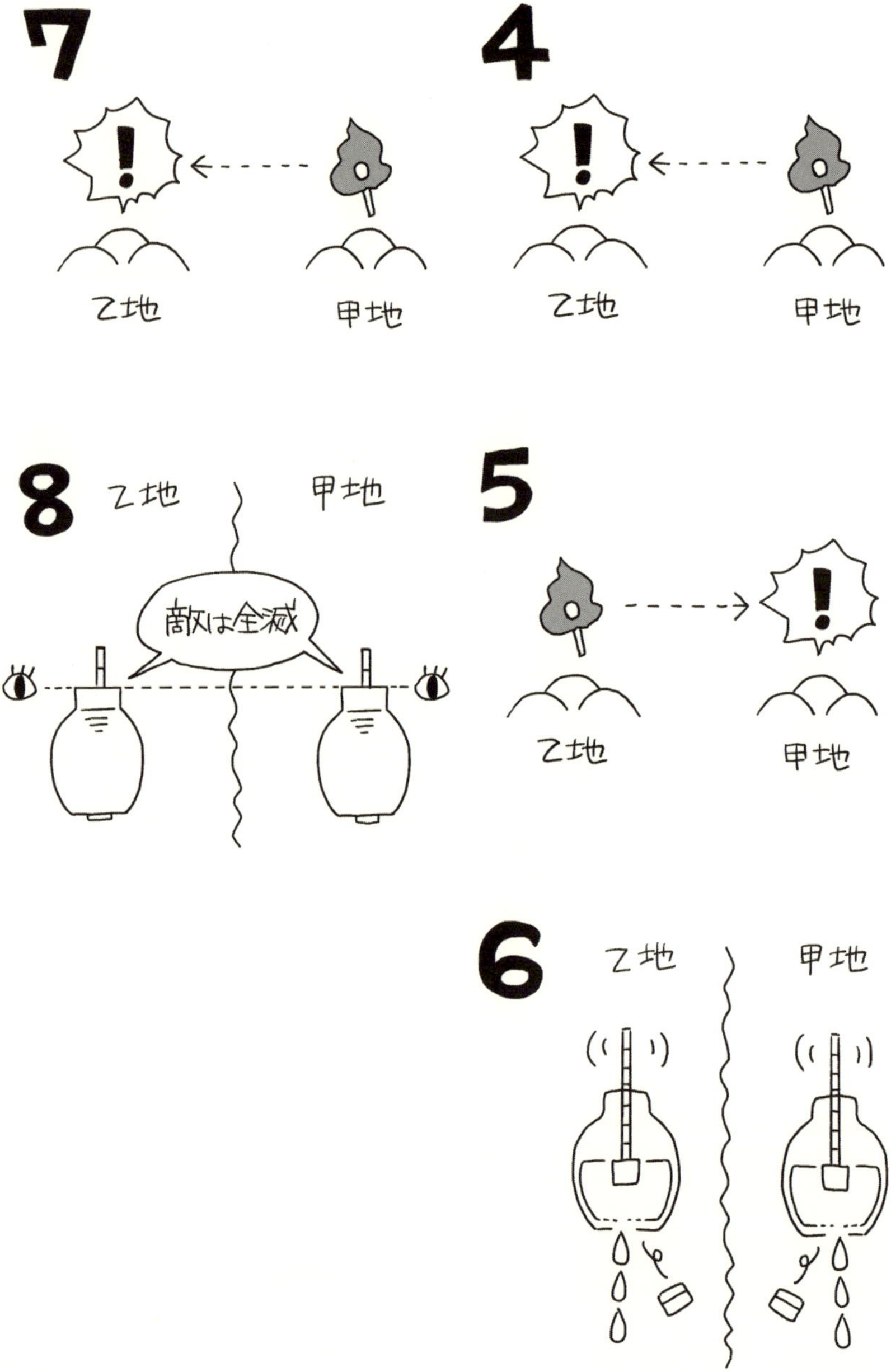
4
乙地
甲地
5
乙地
甲地
6
乙地
甲地
7
乙地
甲地
8
乙地
甲地
敵は全滅

**【説明の例】**

〈第一段落〉（壺の仕組み）

同じ大きさの壺を二つ用意する。壺の底には小さな穴をあけ栓をする。壺に水を入れて、二つ同時に栓を抜いたときに、水位が同程度に下がるように穴の大きさを工夫する。

次に同じ太さの木の棒を二本用意する。二つの棒には同じ位置に印を付ける。印と印の間にはそれぞれ情報を決めておく。この棒を木栓の真ん中に差し込む。

栓をした二つの壺に水を満たし木栓を浮かべる。二つの壺の栓を同時に抜いた場合、木栓の位置は同じになるはずである。印の位置により、同じ情報を伝えることができる。

〈第二段落〉（通信方法）

二つの壺と松明を用いて、情報を伝える方法を考える。先に記した二つの壺を離れた地点（仮に甲と乙とする）に配置する。まず、甲が松明をつける。松明を見た乙は、甲が情報を伝えたいことを知る。次に乙は甲からの信号を受け取ったことを伝えるために松明をつけ、同時に壺の栓を抜く。甲は乙から信号を受け取ると同時に壺の栓を抜く。

棒の印の位置が伝えたい情報になった時に、甲は松明をつける。乙は甲から信号を受け取ると同時に栓を閉める。乙は棒の印の位置を調べることにより、甲から情報を受けることが可能となる。

＊〈第一段落〉〈第二段落〉ともにこの例のような細かな段落分けは不要である。

模範解答はない、と先に述べた。ただし、よい解答というものはある。寺田の原文の説明をより簡潔に分かりやすく説明した部分が、右の〈第二段落〉にある。「松明を見た乙は、甲が情報を伝えたいことを知る。次に乙は甲からの信号を受け取ったことを伝えるために松明をつけ、同時に壷の栓を抜く」の部分である。

〈第三段落〉（意見）

棒の印の位置の間隔はなるべく広くする方が良い。技術の精度が低く、二つの壷がまったく同じにできない場合でも、情報の位置が混乱しないようするためである。

＊〈第一段落〉〈第二段落〉とは別の学生による例。

## 2 「インフィニティ・シェーク」による演習

以下の①では、「理論編3」で取り上げた「インフィニティ・シェーク」を**「第三者に説明するための文章を書くときの原則」**（『言語表現技術ハンドブック』の原則）にそって書き直した例を載せる。これのみが正解ではない。他にも様々な書き直しの例はあるだろう。岸久の文章が悪いというのではなく、「説明」の文章として体裁を整えた例であることをお断りしておきたい。なお、特に注意して欲しい部分には【＊】を付し、最後に説明を加えた。

さらに②では、「インフィニティ・シェーク」を第三者の視点から書き直した例を載せた。これは岸久にインタビューして色々質問し、教えて貰った事実に基づいて書くとどういう文章になるか、という仮定に基づいた一例である。これにも他の書き方があることは言うまでもない。

### ① 少し書き直してみるとどこが変わるか

【インフィニティ・シェーク演習の解答例】

通常、シェークの目的は、混ざりにくい材料を氷で攪拌して、同時に冷却も行うことである【＊1】。シェークの回数を増やして強く振れば、混ぜるのも冷やすのも簡単である。しかし、強く振ることで氷が溶け水っぽくなると、お酒のボリューム感が薄まるため、強く振ってはいけないと、昔から戒められてきた【＊2】。たとえて言うなら、ゆですぎた麺が水っぽくなるのと同じである。現在では材料の温度を自在にコントロールできるようになった。しかし、冷蔵庫、冷凍庫、エアコンの普及していない頃は、いかにしてカクテルに冷たさとコシを残すかが課題であった【＊3】。麺をゆでるとき、頃合を見てさっと鍋から引き上げるように、シェークもステアも、指先に伝わる冷たさ、香りの立ち具合を感じとって、グラスに注いでいた。経験に基づく「カン」が必要であった【＊4】。

現在の私のシェークの方法は、上下、前後、左右、多方向にひねりを加えたものだ。体幹からひねり出すように力を加え、短時間に、より多くの回数をシェークしている【＊5】。

この振り方をすると、短時間に超高速で立体的にシェークするため、氷の水分があまり溶け出さない。このシェークによって生まれた気泡はどんどん小さくなり、マイクロバブル（後述する）【＊6】となって液体の中にとどまる。そのマイクロバブルによってシルキーでなめらかな口当たりに仕上がる。

NHK　BS2の「アインシュタインの眼」という番組に出たときに披露したところ、海外でそれを観た同業のバーテンダーが「インフィニティ・シェーク」と名付けた。上下前後だけではなく斜め左右にひねるような動きが加わるので、シェークの軌跡が無限大を示す「∞」のような形となる。このシェークで生み出される細かいマイクロバブルが、私の作るサイドカーに、独特のまろやかな風味を与えてくれることが映像的に解明された。

ここでは番組の構成に沿って少し詳しく紹介したい。

まず、番組の冒頭では、同じ材料を使って、ステア、ビルド、シェークと作り方を変えた三種類のサイドカーを作った。作り方によって味わいが変わることを知って貰うための前置きとした【＊7】。取材したディレクターはあまりに味が違うのに驚いていたようだった。

次に、私のシェーカーをハイスピードカメラで撮影したところ、一秒間に約六回シェーカーを前後に振るのと同時に、横方向のひねりが加わっているのが、はっきりと見えた。経験上、前後に振るだけでは氷が溶けすぎると思い、試行錯誤の結果、斜め左右の動きを入れてみた末に行き着いた技法が、このインフィニティ・シェークである。

こうしてひねりを入れて振ると以前より氷が溶けにくく、カクテルが水っぽくならないというのは知っていた。このとき、透明のシェーカーで撮影したことによって、シェーカーの内部の様子が分かった。その結果、水っぽくならない理由の説明ができたことが、科学番組の面白さというものであろう【＊8】。

普通のシェークでは、氷がシェーカーの中で前後にだけ揺れるので、シェーカーの底にぶつかるのみである【＊9】。いっぽう、インフィニティ・シェークではシェーカーの内部を氷が多方向に回転するので、ぶつかる衝撃を調整しやすい【＊10】。このとき氷と液体は同時に動くのだろうと予想していた。しかし、実際に映像では、まず液体が先に動く。次に液体がシェーカーの底に達したあとに氷が来るので、液体はクッションのような役割を果たし、氷は直接底に触れない。ぶつかる衝撃で氷が砕け、溶けてしまうことがない。カクテルに余分な水分を加えず急速に冷却するので、水っぽくならない。経験上知っていたことでも、なぜそうなるのかが、映像で見ると良く理解できた【＊11】。

シェークし終わったあとに氷を取り出してみると、角が少し丸くなっていたにもかかわらず、ほとんど元の大きさのままだった。比較のために店の若手スタッフがシェークした氷は、かなり小さくなっていたので、その分液体の中に溶けだしていたことになる。

最後に、先に述べたマイクロバブルについて書いておこう【＊12】。インフィニティ・シェークで作ったカクテルはとてもまろやかで、表面が泡立っている。これも顕微鏡のように超高倍率のカメラで撮影したところ、カクテルの中に極めて微小な泡が漂っていることがわかった。この泡がマイクロバブルといえるかどうかが問題であった【＊13】。

番組ではビールの泡と比較していた。ビールの泡が直径0・2ミリから0・5ミリなのに対して、インフィニティ・シェークで作ったカクテルの気泡は50ミクロン以下であった。1ミクロンは0・001ミリだから、50ミクロンは0・05ミリとなる。ビールの泡の約十分の一ということである。この測定をしたマイクロバブルを専門に研究している慶應義塾大学の先生から、私のインフィニティ・シェークで生まれる気泡はマイクロバブルと呼べるとの、保証があった【＊14】。

マイクロバブルは泡の体積が極度に小さいので浮力が弱く、表面に浮き上がることができない。そのため、液体の中に長くとどまることができる。これがカクテルの旨みとなる【＊15】。

美味しいカクテルを仕上げるために試行錯誤してきたことが、科学的に実証されるという、得難い体験を可能にしてくれた番組のスタッフの方々に、心から感謝をしておきたい【＊16】。


【＊1】【「目的」という語を先に持ってくる。】

【＊2】【「強く振ってはいけないと、昔から」を補足する。】

【＊3】【文の冒頭には「しかし」が必要である。】

【＊4】【理由を強調する「わけであった」はいらない。】

【＊5】【「マンガ『北斗の拳』の奥義、「北斗百裂拳」のイメージであろう」は不要であろう。このような例によるイメージはあまりに一般性がないし、例があるから、分かりやすくなるものでもない。】

【＊6】【ここでは（後述する）という一文を入れて、読者に後に繋がることを示しておく。】

【＊7】【「いただく」という敬語は不要であろう。】

【＊8】【長い文を分割して整理した。】

【＊9】【細かいことだが、後文の「いっぽう」に繋げるためには「のみである」がいる。】

【＊10】【「クルンクルン」というような擬態語は使わない方が良い。】

【＊11】【「説得力が生じた」ではなく「理解できた」と書き直す。】

【＊12】【「もう一つ自分の目で確かめたかったのが」という前置きはいらないだろう。】

【＊13】【この泡がマイクロバブルといえるかどうかが問題であった、という一文を付け加え段落を変える。】

【＊14】【「お墨付きをいただいた」は大げさであろう。】

【＊15】【「これがカクテルの旨みとなる」という文で最後をまとめる。】

【＊16】【この一文は本文に続けて書く必要があるだろうか。スタッフへの感謝は、あとがきもしくは添え書きとして書くべきものだろう。】

### ② 第三者の視点が必要な理由

【右の文を、岸久本人ではない第三者の視点から書き直した文】

**岸久のインフィニティ・シェーク**

カクテルにおけるシェークの目的は通常、混ざりにくい材料を氷で攪拌して、同時に冷却も行うことである。シェークの回数を増やして強く振れば、混ぜるのも冷やすのも簡単である。しかし、強く振ることで氷が溶け水っぽくなると、酒のボリューム感が薄まるため、昔は良くないやり方だとされてきた。たとえば、ゆですぎた麺が駄目なのと同じようなものだ。今は、冷蔵庫、冷凍庫、エアコンによって、材料の温度を自在にコントロールできる。これらの普及していない頃は、いかにしてカクテルに冷たさとコシを残すかが課題であった。麺をゆでるとき、頃合を見てさっと鍋から引き上げるように、シェークもステアも、指先に伝わる冷たさ、香りの立ち具合を経験から感じとって、グラスに注ぐことが必要であった。

岸久のシェークの方法は、上下、前後、左右、多方向にひねりを加えるものである。体幹からひねり出すように力を加え、短時間に、より多くの回数をシェークできるようにしている。

この振り方をすると、短時間に超高速で立体的にシェークするため、氷の水分があまり溶け出さないうちに、シェークによって生まれた気泡はどんどん小さくなる。マイクロバブル（後述する）となって液体の中にとどまるわけだ。そのマイクロバブルによってシルキーでなめらかな口当たりに仕上げることができる。

NHK　BS2の「アインシュタインの眼」という番組で岸は独自のシェークを見せた。海外でそれを観た同業のバーテンダーが「インフィニティ・シェーク」と名付けた。上下前後だけではなく斜め左右にひねるような動きが加わるので、シェークの軌跡が無限大を示す「∞」のような形に見えたからだ。このシェークで生み出される細かいマイクロバブルが、岸の作るサイドカーに独特のまろやかな風味を与えていることが、映像的に明らかになった。

番組の構成に沿って少し詳しく紹介してみよう。

番組の冒頭では、同じ材料を使って、ステア、ビルド、シェークと作り方を変えた三種類のサイドカーを、岸が作った。作り方によって味わいが変わることを見せようという意図であった。番組で試飲をしたディレクターはあまりに味が違うのに驚いた。

次に、シェークしている所をハイスピードカメラで撮影したところ、一秒間に約六回シェーカーを前後に振るのと同時に、横方向のひねりが加わっているのが、はっきり映った。岸は経験上、前後に振るだけでは氷が溶けすぎることに気がついた。そこで試行錯誤をした結果、斜め左右の動きを入れてみた。その結果、行き着いた技法が、このシェークの方法である。岸の積み重ねた経験とカンとから「インフィニティ・シェーク」の技術は生まれた。

こうしてひねりを入れて振ると以前より氷が溶けにくく、カクテルが水っぽくならないというのは、岸自身は経験上知っていた。しかし、このときシェーカーの中で何が起こっているか、本人も分かってはいなかった。その時の番組スタッフは、内部の様子が分かるよう透明のシェーカーで撮影した。これが科学番組でのみ解明できる面白さであろう。

普通のシェークでは、氷がシェーカーの中で前後にだけ揺れるので、シェーカーの底にぶつかる。岸のインフィニティ・シェークでは、透明のシェーカーの中で、まず液体が先に動き、液体がシェーカーの底に達したあとに氷が来ることが映像として捉えられていた。その時、液体はクッションのような役割を果たし、氷は直接底に触れない。ぶつかる衝撃で氷が砕け、溶けてしまうことがない。カクテルには余分な水分が加わらず、急速に冷却されるので、水っぽくはならない。インフィニティ・シェークではシェーカーの内部を氷が多方向に回転するので、ぶつかる衝撃を調整しやすいはずだ、と岸はカンでは知っていた。しかし、なぜそうなるのかを明確には分かっていなかった。実際に映像で見て自分のカンが正しいことに、岸は納得できた。

シェークし終わったあとに氷を取り出してみると、角が少し丸くなっていた。しかし、ほとんど元の大きさのままであった。比較のために、岸の店の若手スタッフがシェークした氷は、かなり小さくなっていた。その分は液体の中に溶けだしていたことになる。

先に述べたマイクロバブルの存在も、この番組では明らかになった。マイクロバブルは泡の体積が極度に小さいので浮力が弱く、表面に浮き上がることができない。そのため、液体の中に長くとどまることができる。

番組で顕微鏡のように超高倍率のカメラで撮影したところ、カクテルの中に極めて微小な（つまり、体積が極度に小さい）泡が漂っているのが映っていた。インフィニティ・シェークで作ったカクテルはまろやかで、表面には細かい泡が立っていた。番組ではビールの泡と比較している。ビールの泡が直径〇・二ミリから〇・五ミリなのに対して、インフィニティ・シェークで作ったカクテルの気泡は五〇ミクロン以下である。一ミクロンは〇・〇〇一ミリだから、五〇ミクロンは〇・〇五ミリ。ビールの泡の約一〇分の一ということになる。この測定をしたマイクロバブルを専門に研究している慶應義塾大学の専門家は、インフィニティ・シェークで生まれる気泡はマイクロバブルと呼べると、保証した。

岸久は経験の積み重ねによる天才的なカンで、マイクロバブルがカクテルの旨さを生み出す「インフィニティ・シェーク」を発明できた。

「理論編　3」で田口美喜夫は「天才」パイロットを描いた。描いたのであって天才の技術を「説明」した訳ではなかった。天才パイロット本人の中にある、知らぬ間に身についたモノは、言語による思考によって獲得した技術ではないだろう。本人も説明できない言語を超えた何かであった。その天才の技術の「すごさ」は田口美喜夫のような「描き」方によって、一般人にも分かる。しかし、その技術を説明し第三者に伝えることは不可能だ。

岸久の場合は「外部の目」というハイテク技術の視点を借りて、みずからの技術を説明しようとした。しかし、「①　少し書き直してみるとどこが変わるか」で明らかなように、本人の眼から書ける「説明」には限界がある。

突き放して第三者となって、自分を見ることは誰にもできない。カメラという第三者の目による実証的映像によって、「天才」本人も説明できない世界は解明された。カンによる技術は映像的には明らかになり、技術そのものの「すごさ」は描かれた。ただし、その技術は田口美喜夫の場合の「天才」パイロットと同じく、傍で見て分かって「上手に」はなれるとしても、「天才」の域に達する方法の説明とはならない。

「説明」することと「描く」こととの間を埋めることはできない。言語による説明は一般人に分かるものでなくてはならない。カンや技術の正体は分からなくても、描かれた天才の「すごさ」はなんとなく分かる。ただし、それは閉じられた世界への興味と面白さにとどまる。一般人の頭に向かって開かれた「説明」とはならない。「理論編　5」のマリス博士の「ひらめき」の話も興味深く面白いものではある。しかし、その「ひらめき」を解明するための「説明」とは次元を異にするモノだろう。ひらめきに至る「事実の積み重ね」は説明できる。ただし、「ひらめき」そのものがどのようなモノであるかは、本人にも言語で説明するのは不可能である。田口美喜夫の文に出てくる「天才」パイロットの技術や岸久のカンの「すごさ」は描かれていても、言語による思考によっては、その技術やカンに至る筋道は解明できないものであろう。

閉じられた天才の頭の中の神秘は興味深い世界である。一般人には遠い世界であり、閉じられているがゆえに神秘的であっても、言語による第三者への開かれた「説明」とは縁遠い。

言語思考技術は「開かれた場」において、見知らぬ他者同士が、事実の積み重ねによって達する技術である。『言語表現技術ハンドブック』で何度も述べたことと同じである。手間暇がかかる技術であり、「カン」や「感性」によりかかって誤魔化せるモノではない。第三者への「説明」は手抜きの許されない世界である。

# 3 「個」と社会

「個」は社会と出会うことで人となる

林 治郎

## (I) 与えられた仕事の中に個を発見する

織田信長の次のような逸話が『常山紀談《じょうざんきだん》』(注1)という江戸時代の本にある。

信長が三好家を滅ぼした時、「料理の上手」といわれた坪内某という者が捕虜になった。信長の側近が、坪内は包丁の腕は確かだから、料理人として召し抱えてはどうかと信長に申し上げたところ「明朝の料理させよ。その案配によらん」(原文のママ)との言葉があった。そこで坪内に膳を出させたのだが、信長は一口食べて「水くさくて食えない」と怒りのあまりに殺してしまえと言った。そこで坪内はもう一度作らせて欲しい、それで御心《みこころ》に適《かな》わなかったら腹を切りますと願い出た。信長はそれを許し今一度の機会を与えた。さてその翌日膳を出したところ、殊の外に味が良かったので、信長は悦び禄を与えた。

赦《ゆる》された坪内は「昨日の塩加減は都の主人の三好家の風にした。その好みは都風《みやこふう》で天下一の味である。しかし信長公には分からなかったようであった。そこで今朝のは第三番の味付けにしその風味を野卑な田舎風にして差し上げたので、御心《みこころ》に適《かな》ったのだろう」と言ったそうだ。

この話はいくつかの考えさせる問題を含む。『常山紀談』では、坪内の言葉を聞いた人びとが「信長は田舎者だと示唆して恥辱を与えたのではないか」と評言したと結ぶ。しかし、これは都風が優れているという前提があった時代の価値観でしかない。地域の文化の多様性が言われる現代においては、地方風の味が劣っているということにはならない。

最近では料理における関西風の薄味と関東風の濃い味との対比の話としても有名になっているようだ。しかし、味付けの濃淡は好き嫌いの問題であり、どちらが優れているとは一概には言えないことなので、ここでは無視しよう。

現代において仕事に就《つ》こうとしている学生諸君には、上の二点より重要な問題がここにはある。「信長という権力者」を「会社」に置き換えて考えてみよう。

会社は信長のように個人を殺すものではない。仕事に就いたばかりの者が、自分が最上の料理（仕事）だと考えることと、その会社が当人に要求することの間にズレがあるのは当然だろう。そのズレを埋めることが諸君の当面の仕事である。就職試験に通ることは出発点でしかない。就職試験でも他者の厳しい視線にさらされる。しかし、それ以上に会社では仕事を通じて君は試される。

司馬遼太郎（一九二三〜一九九六）は『国盗り物語』(注2)において、先の織田信長の逸話に次のような話を付け加えている。

信長は、都の味を知らなかったわけではない。将軍義昭を初めとする都人との付合いを通して馳走にもあずかり、薄味が尊ばれていることをよく知っていた。知っているだけでなくその馬鹿馬鹿しいほどの薄味を憎悪していた。だから、坪内について、（あいつもこうか）と腹を立て、殺せと言ったというのである。

理由は無能だというのである。いかに京洛随一の料理人でも、信長の役に立たねば無能でしかない。
（引用文の傍線部は筆者）

ここに仕事の本質がある。誰かに認められてこその能力である。自分にとっておいしい料理を作るのではない。他者においしいと認めてもらえる料理を作ることが仕事といえる。そこが自己の身辺の人に向けてのみ作られる趣味や家庭での料理との最大の違いであろう。

自己という「個」は与えられた仕事を通して他者から発見されるものである。

## Ⅱ　どんな仕事の中にも意味は見いだせる

昔「会社人間」と呼ばれた人がいた。仕事がよくできる有能な人を会社人間というのではない。会社という権力が個人を圧迫する存在だから、仕事は適当に済ませ、自分はそういう圧迫から逃れて、趣味や家庭や余暇を大事にすることに生き甲斐を見いだそうとする人たちを会社人間と呼ぶ。現代の若者にも自分の個性を私的な生活で生かすためには、生活の手段として会社から給料を貰えればいいし、職種・業種は何でも良いので、ともかく安定した大企業に就職したいと考える人たちがいる。両者に共通するのは、会社での仕事が好きではないし大事にもしていないことだ。

夏目漱石（一八六七〜一九一六）はすでにこのような事態を一九〇九（明治四二）年に現代の問題として描いている。先の信長と料理人の話を『それから』(注3)の中で取り上げ、主人公の代助に次のように言わせている。

料理人の方では最上の料理を食わして、叱られたものだから、その次からは二流もしくは三流の料理を主人にあてがって、始終褒められたそうだ。この料理人を見給え。生活の為に働らく事は抜目のない男だろうが、自分の技芸たる料理その物のために働らく点からいえば、頗《すこぶ》る不誠実じゃないか、堕落料理人じゃないか。

この代助の言葉には、相手のためにどのような料理を作れば仕事になるのかという視点が欠けている。相手の要求に合わせて仕事をすることは、生活のために不誠実な仕事をすることにはならない。仕事としての料理は食べる相手がいて初めて成り立つものである。そこに余分な自分の個性を持ち込んではいけない。「自分が自分が」とだけ言い、与えられた仕事を嫌い、苦痛な仕事だと言う。自分に向いていない仕事はできないと主張することが、個性を発揮していると勘違いする人間がいる。

仕事は苦痛だとか嫌いだと言う人がいるようになった背景を、過去の時代に遡《さかのぼ》って考えてみよう。「労働」という言葉が苦痛を意味した時代があった。現代ならば機械や産業ロボットやコンピュータがやってくれる、単純な、あるいは肉体的にきつい労力ばかり使う繰り返しの作業がかつては仕事の大部分を占めていた。その時代には楽ができる仕事は希少なものだった。

ところが現代ではそういう労苦を伴う仕事の大部分は機械化されてしまい、人間でなければできない仕事が残った。ライン化された工場、清潔なオフィス、重機による運搬作業などは、人間がどう巧みに機械を操れるかということに重点のある仕事の場となっている。

一つの例として米の生産を考えてみよう。日本の米の生産量は二〇〇九年には八四六万六〇〇〇トンであり、農業労働従事者は二〇〇八年には一九七万人であった(注4)。このうち約一五〇万人が米の生産にあたっているという。今の日本では米の生産者は一人あたり五～六トンの米を生産していることになる。それに対して戦前の日本ではどうだったのか。米が主食であったこともあり、国内のみの生産高でも一二〇〇万トンにのぼった。農業従事者は一二〇〇万人から一六〇〇万人で、米の生産者は一五〇〇万人ぐらいだったとされる(注5)。一人あたり約〇・八トンの米を生産していたと計算できる。現代の日本では米を生産する人間は減ったのに、農業の機械化によって生産性が約七倍弱上がったことになる。同時にこれは人間の単純労働が約七分の一になったことを意味する。工夫して農業をすることが仕事の中心となっている。

現代では各労働分野においても同様のことが起きていよう。機械化によって人間性が失われるとは嘘である。むしろ単純労働が軽減され、人間にしかできない工夫のいる仕事が増えているのではないか。

会社から与えられ、相手に合わせる仕事の場だとしても、そこに自分の工夫と能力を注ぎ込むことが重要になっている。

こういう話がある。[注6] 地下鉄の運転手という現場が好きで、それを離れたくなかった人が突然内部勤務を命じられ、時刻（ダイヤ）編成を任された。本人は、数字が苦手なせいもあって、はじめは嫌だった。しかし現場にいた時の感覚をダイヤ編成に活かせないかと考え、その仕事に打ち込んだ。数字が苦手であったにもかかわらず、ついには地下鉄ダイヤ編成の第一人者と言われるまでになった。自分で仕事の中に意味を発見したのだ。

会社の命令だから、あるいは先の信長の話であれば殺されたくないから、言われた通りの仕事をすれば良いということではない。与えられた仕事をしようとする工夫の中で能力が発揮される、という話だ。

もう一つ例を挙げる。スバル３６０の開発に携わった人たちの話だ。[注7]

> なんにせよ、苦労して自分で汗をかいて、涙を流して達成するとあとは天国、そういう経験をしたことのない人は可哀相だと思います。衝突することもたくさんあったけど、結局自分の思うように図面を描かせてもらって、私は幸せだったし、本当に楽しかったですね。

当時画期的といわれた名車スバル３６０（一九五八年発売）の開発に携わった人は、給料のためや自分の家庭のために働いていたのではなかった。仕事そのものの中に工夫し創造する面白さを見つけ、苦労したとしても、それが楽しみとなったのだろう。その苦労は単純な労働をする際の苦労とは異なる。

与えられた仕事だからといって、自己が発揮できないわけではない。そのためには自らを磨く必要がある。「自分が自分が」と言う人は、「今与えられた仕事が良くない、もっと自分に向いた仕事なら」と言う。会社の中でイヤイヤ仕事をして、今の仕事は腰掛けだと考えるような人間に、向こうから良い仕事はやって来ない。与えられた仕事をキチンとやらずに、好きな（と本人は思っているだけで、その実力は未知であろう）仕事はできない。自分の好きな仕事は与えられた枠組の中でも見つけられるものだ。自己の能力はどんな仕事の中にも発見できる。そこに仕事の意味も見いだせる。

## Ⅲ　仕事は社会の中ではじめて意味を持つ

末川博という法学者は次のように言う(注8)。人は八時間は眠り、八時間は働き、あとの八時間は自分のために使う。これを現代の人間の生き方とすれば、自分の夢とする人生観と社会観は次のようなものだと、彼はまとめる。

かりに人生七十五年としたら、最初の二十五年は人の世話になって一人前の人間にしてもらう期間であり、次の二十五年間は世の中のためというか自分のためというかとにかく働いて暮らす期間であり、あとの何年かは自分の好むところと適するところとに従って消費することのできる期間であるとしてよかろう。

ここで述べられている「人の世話」を自分の周りにいる身近な人だけと考えてはいけない。諸君の通った学校も通学路もバスも電車もみんな先に生まれた人達（先人という）の作ったものだ。さらには社会的インフラと呼ばれる、電気や水道や道路や役所などの公共機関などがなければ、この社会は機能しない。さらに広くいえば長い人類の歴史の上に立っているから、また先人が様々な仕事をして今の社会を作ってきたから、今の生活が営める。

「世の中のためというか自分のため」というのは、仕事をすることで社会が機能するようにすることだ。後から来る人たちの手助けとなる社会を作ることだ。今の仕事はどんなに小さくても、人と人を繋ぐ仕事によって、人類のためになる。

「とにかく働いて暮らす」とは先に述べた「与えられた仕事」であり、同時に「仕事の意味」を見いだすことでもある。会社に入るとは社会に入ることでもある。社会の一員という自覚のもとに仕事をすることだ。

「先人木を植え後人その下に憩う」という古い言葉がある。誰かが木を植えたから、その後に来る人たちはその木の下で休息できる。その人たちがまた後から来る人たちのために木を植えるのは当然だ。誰かに助けられて生きてきた人間がその後から来る誰かを「助ける」仕事をすることで、人類や地球というネットワークの一員となり、人として一人前になる。

今この機会に、個と社会について考えてみることが大事である。社会なくして職業（仕事）はない。個が個の範囲に留まっていては、次（未来＝仕事）の段階へは進めない。仕事は他者と自己の双方のために存在し、社会へ参加する意志の表現である。自己は「社会」と繋がることで人となる。会社に入ってから与えられたどんな仕事にでも本人が仕事の意味を見いだして、その仕事を達成することで社会に繋がる。

仕事は単に会社や個人のためにあるのではなく「社会」のためにある。就職できることはゴールではない。出発点と考えなければならない。

個はそこで社会と出会う。

## 注

＊右の文は林治郎が、就職活動のためのガイドとして『個が社会と出会うためのハンドブック』（『言語表現技術ハンドブック』別冊、大阪工業大学知的財産学部三年生対象科目「キャリア形成」教科書）の一節に書いたものである。本書収録に当たって少々加筆修正をした。

（1）『常山紀談』岩波書店（岩波文庫）、一九八八年。
（2）司馬遼太郎『国盗り物語』新潮社（新潮文庫）、一九七一年。
（3）夏目漱石『それから』新潮社（新潮文庫）、一九六六年。
（4）平成21年産水稲収穫量は「農林水産省ホームページ」より。
基幹的農業従事者は農林水産省「二〇〇八年農林業センサス」より。
（5）戦前の日本の統計は『日本労働年鑑　第25集　一九五三年版』より。
（6）ＮＨＫ「仕事の流儀　サラリーマンは、スジを通せ」二〇一〇年二月二日放送。
（7）小口芳門監修『スバル３６０奇跡のプロジェクト』新風舎、二〇〇二年。
（8）末川博『彼の歩んだ道』岩波書店（岩波新書）一九六五年。

＊右の文と言語との関連および言語についてのまとめを最後に付け加える。

## ①　言語と社会

「社会」という語は英語 society の翻訳であり、江戸末期から明治になるまでは、本来の日本語として定着したものではなかった。当時の似たような言葉としては「世間」という語はあった。しかし、実態は society と異なるものであった。

society はもともと「見知らぬ人々の集合」を表している。そこから派生した形容詞は social であり、social dance とか social building という風に使われる。social dance は本来「見知らぬ」人同士が交際を始めるために催される西洋の風習（特に貴族階級だけの風習でないことに注意）である。social building も互いに「見知らぬ人」が商売をしたり、別々の住居を持っている、集合体の建物を指す。翻訳された「社交ダンス」「雑居ビル」という日本語のニュアンスとは違うのである。見知らぬ他者という要素が society の根本にはある。

一方、世間は親しい「身内」を中心とした「知り合い」の集合体である。society にあるような「見知らぬ他者」の集合体という枠組みとは根本的に異なる。ウチワの人たちはその集団のソト（ヨソとも言う）の人たちとは一線を画して、知り合いだけの団結を示す。「ヨソいき」はウチの人といる時に着る普段着ではなく、ソトへ出かける時に着る特別な外出用の衣装である。「ヨソヨソしい」とは「ウチ」の人とは違う表情を「ヨソ（ソト）」の人に見せることである。知り合いや仲間内と外部を区別するのが「世間」という語の根本にある。

理論編「1　存在しないものに名前はつけられない」で述べた「〈スタイル〉（stile）」と同じく、日本にはない文化の見本が society である。

西洋人の言語は、見知らぬ他者の集合の中で使われ、society（社会）と密接な関わりを持つ。他者を説得したり、対決する場の中で育ってきた。時には「ことば」は「武器」にもなるわけだ。先に述べた鈴木孝夫の『武器としてのことば』はよく、そのことを象徴しているだろう（15ページ参照）。

長らくウチワだけで、よく言えば「和気あいあい」、悪く言えば「なれ合い」の世界に安住してきた日本人は、社会との繋がりを言語に見いだそうとはしてこなかった。情念とうわべの感想に浸った世間に安住し、未だに「ウチワ」の「つて」「しがらみ」「思いやり」や「忖度《そんたく》」のはびこる世間の延長のような社会らしきものの中で生きているようだ。

一言補足しておく。西洋の「近代」という時代が始まるきっかけとなった産業革命や都市の誕生さらに近代労働の発生などが「society（社会）」を生んだので、西洋にもいまだに日本語の「世間」に相当する共同体は存在する。これ以上の言及は、本書の意図から外れるので詳しくは述べない。

仕事が社会の中でこそ意味を持つのと同様に、言語も社会の中でのみ、社会との関わりがあってのみ、意味が生じる。個人的な言語などありはしない。

イヌ（日本語では犬やいぬとも表記できるがここではイヌに統一する）という動物がいる。人間の友達でもあり恋人にもなり家来にもなる。個人的に愛着を持つ人、憎しみを持つ人、無関心な存在だと考える人など、人間の世界には様々な関係を持って、イヌと人とは存在している。

そういう関係を超えて、不思議なことに、人間は何匹かの「イヌ」を見ると、イヌという種全てをイヌと認識し、見たことのないイヌも「（ネコやライオンではない）イヌである」と区分できる能力を持っている。言語における「普遍」性というものである。個人的な「経験」や「感性」は「イヌ」なる言葉に入り込む余地はない。自分の厭な出来事（噛まれたなど）、良い思い出（良く自分になついていたなど）の個人的な経験や心情を超えて「言葉」としての「イヌ」は、社会的に存在する。他者に向かって開かれた社会の中での言葉の根源的な在り方である。いくら個人的な思いが強くとも、「イヌ」に「イヌ」以外の名詞をつけることは、その国のどのような独裁者であろうと国民に押しつけることはできない。そこで、それぞれの飼い主（自分のことをイヌにとっての友人、恋人、親分などと考えているのだろう）は何らかの心情を込めた愛称をイヌにつけてやる。中には、前に飼っていた愛着の深かったイヌが黒かったから「クロ」と呼んでいた場合に、次に飼ったイヌが白くても「クロ」と名付ける人もいる。個人の心情はこの場合は愛称という形で、言語の普遍性を超えるわけだ。

飼い主とイヌの間には、何万何十万何百万通り、いや無限の数の関係があり、それぞれが他の人とは違う、自分たちだけの特別な繋がりを感じている。それは単純な言葉で置き換えられないだろう。

個人的な特別な関係は、それぞれが「閉じられた」場で作られる。しかし、個人的な言語を「開かれた」第三者のいる社会に作ることはできない。

## ② 言語も個性も作るものではない

富士山の写真を例に挙げよう。

「NHKハイビジョンスペシャル　富士山　わたしの一枚～一瞬の美を追う写真家たち～（初回放送、二〇〇二年）」で多くの「アマチュアカメラマンの名峰への思い」（番組紹介の文章）のある写真が多数紹介されていた。

本人にとって「最高の」富士山が胸の底にある。春夏秋冬、朝昼晩、晴れ雨雪夕焼けなど、様々な情景のなかで富士山は変化する。

同じ場所から撮る人がいる。個人の思い出のある場所からの写真もある。有名な撮影場所から撮られても、皆異なった写真にもなる。普通の人の行けないような危険な場所で写されたものもある。

何万枚も撮っている写真家も結構多くいる。何万枚撮っても、まだもっと自分の胸の奥深くにしみ込む写真が撮れるはずだと、思い、まだもっと自分にとっての「最高の」写真をと、追い続けるのだろう。

富士山の写真は個人の心情の問題である。閉じられた感性の中で「最高の」富士を求める姿は人の数だけ無限にある。結果としてそれぞれに個性的な写真となるのであろう。飼い主とイヌの関係と同じように、撮影する人と富士山の間にある経験は、他者の介入できない掛け替えのない関係に満ちている。イヌと飼い主の関係は限りなく個人の問題に限定されるのが普通だ。ただし、写真の場合は、他者の心を揺り動かす場合がある。言葉にならない個人の経験が背後にあっても、才能のある写真は他者との間に特別の印象を残す。しかし、限られた語彙《ごい》でしか表現できない言語では感動の経験を印象的に表すことは難しい。言葉にならない「悲しみ、喜び、哀しみ、嬉しさ、苦しさ」などを感じる場面では、言語化されないことは普通にある。ただし、言語化されない感動の経験は、現実の場面では、言葉で表すよりも重い意味を持っている場合がある。

理論編「3　カンや技術は言語による思考とどう関連するか」で吉田直哉を引用して、個人の経験を水滴との関連で次のように述べた。

> 映像の中の、どのような平凡なころがっている水滴の動きも一つとして同じではない。時間を超えて、それぞれが特別なはずだ。映像だけではない。個人の経験も才能の問題とは関わりなく、水滴の動きも個人の経験もある意味で「天才」の経験と同じものである。一人一人の経験の質は、どのように平凡なものでも、天才のみが持つものでも、みんなすべて異なる。個人の深い所にあるものは他者と同じではない。それぞれが他の人と違う人生を生き、違う人生を過ごす。

個人の深い所にあるものは言葉では他者に通じなくて当然である。それにもかかわらず、自分たちの言語による表現を独自のモノにしたいと、思う（勘違いしている）人々がいる。

「最高の」という表現以上の「個性的な」言葉があるはずだと考える人がいる。「すごい（凄い）」は「ぞっとするほど恐ろしい」から「ぞっとするほど素晴らしい」に転用され、「最高である」に替わって使われるようになった。今では「ぞっとするほど恐ろしい」の方は影が薄くなってしまっている。「やばい」は本来「良くない」言葉であった。『岩波 国語辞典 第五版』（一九九四年）では俗語として扱い「危険や悪い結果が予測されるさま。あぶない。まずい。」とある。最近の『大辞林第三版』（三省堂、二〇〇六年）によると「若者言葉で、すごい。自身の心情が、ひどく揺さぶられている様子についていう。（中略）広く感動詞的に用いられる」とある。今の若者の間では「最高である」「すごくいい」の意にも使われる。一方、老人は「至高の」とか「上乗」で最高を表す場合もある。老人語と呼んでいいものであり、若者語が流行語と言われるなら、老人語も同じく遅れてきた流行語と呼ぶしかないだろう。カタコトのカタカナ表記の外国語風の「エクセレント」「ゴージャス」古くは「デラックス」なども同じように一時期には流行語であったものだ。古語を使えば優雅だと考えるのも同じ範疇《はんちゆう》に入る。「正宗は刀剣の尤なるものだ」の「尤《ゆう》なる」がその一例である。

以上は、どれも共通する感性や経験を持つ（持っている、と本人たちは考えているのだろうが）「閉じられた」親しい仲間ウチでの互いの位置や同質性の確認の「符牒《ふちよう》のようなモノ」でしかない。

先に述べた「流行語」のように個性的な仲間の集合の中でのみ通じるという「ウチに向かう個性的（だと当人たちは思っている）」言葉は取り扱わない、というのが前著『言語表現技術ハンドブック』以来守り続けてきた本書の方針である。社会に開かれていない言語は、動物同士の鳴き声と変わるところがない。

社会で第三者に「説明」する言語を、本来の言語の在り方の中心と考えている本書とは相容れないものだ。

## ③　まとめ

人々の心の中にたくさんの富士山があり、たくさんの個性がある。たった一つの思い出の写真は本人にのみ閉じられていたとしても意味がある。中には多くの人に感動を与えるモノもあるだろう。しかし、それは付随的なモノでしかない。閉じられた自己表現がたまたま人の目にとまる写真となるだけだ。

一部の詩人や小説家も自己の言語表現が他者に伝わらないのは、読者の感性が不足しているからとか、自己の天才性に一般人が追いついていないからだ、とかいう戯言《たわごと》で、自己の閉じられた仲間ウチの世界に引きこもっている。甚だしいのは、自分の作品の言語表現のわかりにくさを、自己の孤高さだと、誇る者までいる。

天才的なあるいは個性的な言葉など存在しない。あるのは社会における言語である。言語や仕事は他者との間に開かれていてこそ意味がある。

前著『言語表現技術ハンドブック』を発刊するきっかけとなったのは、寺田寅彦による「壷による通信法」の演習を思いついた時であった。

言語化できないのは「言語による思考」が足りないからだ。理解したことを言葉で、第三者に説明しようという姿勢に欠けているからだ。理解し図解（図に書かなくても良いのだが）した上で、言語表現技術は必ず身につくはずだ。そういう目標設定から演習は始まった。

その根本は、「言語表現技術への提言」の以下の二つに集約される。「五　事実は一つしかない。しかし、説明の方法はたくさんある。」「六　ただし、多くの説明のうちから相手になるべく負担をかけない説明の仕方にたどり着く技術が必要だ。」（本書ｘページ）

仕事が社会と結びついて意義が生じるのと、同じように、言語も社会と結びついて意義が生じる。前著『言語表現技術ハンドブック』にも通じる、この「開かれた」立場の重要性を本書の最後に強調して、この書を終えたい。

# 4 「言語思考技術」のための教訓七ケ条

①　**事実の積み重ねに基づく説明が言語思考技術の第一歩である。**
「ひらめき」「経験」「感覚」「感性」に頼って文章を組み立ててはいけない。

②　**短い一文で自分の思考を表現できない場合は考える方向が間違っている。**
ⓐ　長い文になるのは考えがまとまらないからだ。
ⓑ　最初の短い一文を説明する文を後に続ける必要がある。

③　**最初に決めた段落構成にこだわってはいけない。**
ⓐ　自分が考えた順番が、相手に分かりやすい説明になっているとは限らない。
ⓑ　思い切った段落構成の変更が「新しい」言語思考に繋がることがある。

④　**権威や名声によりかかった引用によって自己の意見を補強してはいけない。**
ⓐ　自分の考えが纏《まと》まらないときに権威や名声のある意見に頼りがちである。
ⓑ　適切な引用は思考の正確さに繋がる。

⑤ **相手にとって、実証可能な事実を開かれた場で説明できることが思考の基本である。**

ⓐ 分かりやすい思考は具体的事実に基づいた説明から生まれる。

ⓑ 実証できない考えは誤った考えである。

⑥ **自分の内に向かって考えてはいけない。相手に説明できる思考が文章の基本である。**

書くことだけに気をとられると説明する相手を忘れてしまうからである。

⑦ **書き終わった文章を考えながら読み直し、修正することは言語思考技術の根本に繋がる。**

# 〈付録〉　書くときの教訓九ケ条

『言語表現技術ハンドブック』より修正して再掲

①　**一文を短く直すことはあっても、長く直すことはない。**

ⓐ　長い文は考えが纏《まと》まらないままダラダラと書いているからだ。

ⓑ　長すぎる文は、二つ以上の文に分割できる。

ⓒ　長すぎる文は、曖昧接続の「が」が混入していることが多い。

②　**短い分量を水増ししてはいけない。**

ⓐ　同じことの繰り返しになりやすい。

ⓑ　制限字数の倍以上書いて、制限字数まで削るつもりで書く。

③　**起承転結・序破急という文学的技法はいらない。**

これらは、読む人を驚かせたり感心させたりするテクニックで、自己陶酔の一種だ。

④　**「上手に書こう」「かっこよく書こう」とするな。**

ⓐ　うまい文章は必要ない。読む側に分かりやすく説明するのが文章の第一条件だ。

ⓑ　自分に陶酔してはいけない。相手がいることを忘れるな。

⑤ **相手にとって誤解のないように説明できることを目標とせよ。**

⑥ **分かりやすい表現とは具体的事実に基づいた説明から生まれる。**

⑦ **文章をたくさん読むことが、分かりやすい文章を書くことに繋がる。**

ⓐ 詩や小説は、一〇〇冊で一冊に当たると考える。実用書や週刊誌の記事は数に入らない。

ⓑ 目標は年間五〇冊である。

⑧ **書き終わったあとでチェック項目を念頭において必ず音読してみる。**

ⓐ 黙読では誤字脱字を見逃してしまうことが多い。自分の文章を飛ばし読みするからである。音読だと読む速さが制限されるので誤字脱字を見つけやすい。

ⓑ すらすらと読み進めない箇所があるのは、次の二つの理由がある。第一は、前後の文の繋がりが悪い場合である。第二は、文にヨジレがある場合である。いずれの場合も、修正して再度音読すれば、適切に直せたかどうかがわかる。

⑨ **完成原稿にするためには最低でも三回は書き直す。**

ある専門家は分かりやすい文章を書くためには、三〇回は書き直すと述べている。文章を書いて原稿料をもらうならば、そのぐらいのことをするのは当然だろう。

## 【参考となる本】

前著『言語表現技術ハンドブック』で紹介した本は省く。ここでは言語思考と関わりのある本で重要な著者二人を紹介する。

**A** 以下はすべて佐藤信夫（一九三二〜一九九三）の著書であるので著者名は省略する。日本で早くから正しい意味の「レトリック」という言葉を定着させた人である。世間ではレトリックとはうわべを飾る修辞にすぎないと考える人が多い。佐藤信夫は「レトリック」が言語による思考と深く結びついたものであることを、示してくれた。その後このような人は出てこない。

一例を挙げる。野球のナイターを見に行った佐藤は、日頃テレビで見る野球が「現実」で、現実に見ている野球の試合の方がむしろ「現実」ではないように見える、という「新しい視点」を示す。左記の『レトリック感覚——ことばは新しい視点をひらく』の書名にふさわしい「言語による思考」の記述である。

『レトリック感覚——ことばは新しい視点をひらく』講談社、一九七八年。
『レトリックを少々』新潮社、一九八五年。
『意味の弾性——レトリックの意味論へ』岩波書店、一九八六年。
『レトリックの消息』白水社、一九八七年。
『レトリック認識』講談社（講談社学術文庫）、一九九二年。

『レトリックの記号論』講談社（講談社学術文庫）、一九九三年。
『レトリック事典』大修館書店、二〇〇六年。

＊『レトリック事典』は佐藤信夫の没後、「佐藤信夫企画・構成のもとで、佐藤信夫著、松尾大共著、佐々木健一共著・監修」という形で、佐藤の残した膨大な資料を整理した事典である。同書の佐々木の「あとがき」によれば、大学ノート版の厚いルーズリーフ帳で五十五冊、かなり大きな四つの段ボールにぎっしりつまったものだそうだ。

B　以下はすべて志村五郎（一九三〇〜）の著書であるので著者名は省略する。志村五郎は日本を代表する数学者で、国際数学者会議に四たび招待講演者として招聘され、スティール賞、コール賞を受賞した経歴を持つ。
左記の本は数学の知識の全くない人には読みにくいかも知れない。ただし、基本的な数学思考があれば、数式の部分をある程度飛ばして読んでも、文章の部分に抽象的論理のある面白いところをたくさん発見できる。一例を挙げる。確率の話で、天気予報の降水確率に噛みついて雨が降るか降らないかをはっきり言え、と言った女流作家の「確率」についての無知を厳しく指摘しているところがある。志村は次のように言う。「雨が降るとか降らないとかはっきり言える場合もあるが、たいていの場合、それは不可能であって確率でしか言えないのである」（傍点、引用者）。
さらには「百発百中の砲一門は百発一中の砲百門に匹敵する」という大砲の話がおかしいことを指摘し、もっと詳しく次のように言う。

実際向かい合って一発撃ち合ったとする。百門のうち一門は破壊されるがあと九十九門は残る。一方やくざな大砲でもまぐれに当るのがあるかも知れないから、一発発射したあとで 99 対 0 になることは、ある確率で起り得る。これだけでもよいがその確率を計算してみよう。つまり、$n$ 発中 1 中の砲が $n$ 門あるとする。つまり、その砲の弾丸がねらった的に当る確率は$1/n$であるとする。$n$門全部当たらない確率は$(1-1/n)^n$である。$n\to\infty$とするとこれは$e^{-1}$に近づく。だからごく素朴に考えて、$n$が大きい時一発撃ち合ったあとで$n-1$対$0$になる確率はほぼ$1-e^{-1}=0.63\cdots$。だから沢山持っている方が勝つのである。必中の大砲が何門もある場合とか、何発も撃ち合う場合とか暇のある人は計算して見られたい。そう簡単ではないはずである。

（『数学の好きな人のために』40ページより）

（引用者注）原文は横書きである。引用者が縦書きに変更したので、数式が少々読みにくい点は了承されたい。

『数学をいかに使うか』筑摩書房（ちくま学芸文庫）、二〇一〇年。
『数学の好きな人のために――続・数学をいかに使うか』筑摩書房（ちくま学芸文庫）、二〇一二年。
『数学で何が重要か』筑摩書房（ちくま学芸文庫）、二〇一三年。
『数学をいかに教えるか』筑摩書房（ちくま学芸文庫）二〇一四年。

『記憶の切繪図――七十五年の回想』筑摩書房、二〇〇八年。
『鳥のように』筑摩書房、二〇一〇年。

＊この二著には数式は出てこない。辛辣《しんらつ》でユーモアがある「論理的文章」で書かれている。感傷的な日本人は「駄目な」文章だと言う。しかし、感覚ではなく論理で人を判断すると辛辣になり、またユーモアが生まれるものだ。

# あとがき

思ったより早く続編が出版できた。二〇〇三年九月『言語表現技術ハンドブック』の学内（大阪工業大学工学部・知的財産学部）パイロット版から一四年を経た。一五年目に入った本年、続編であり、新たな道へと向かう『言語思考技術ハンドブック』を書き終えて、一段落している。

ハヤブサ1の帰還した翌二〇一五年に全面改定に近い『新版　言語表現技術ハンドブック』を出版し、ハヤブサ2の帰還（二〇二〇年末に地球に帰還する予定）までには【続編】を出したいという「あとがき」を記した。

幸いにも予定より早く、ハヤブサ2の帰還より二年早く、本書が刊行できて肩の荷が下りた。早ければ良いというものではない。しかし、続編によってほぼ言語表現技術の基礎は完成した、と自負している。

以下に、実践編担当者の一言を添えておく。

実践編は、『言語表現技術ハンドブック』パイロット版の刊行から、現在に至るまでの言語表現演習の事後指導の成果をまとめたものである。演習後の指導は、全くの手探りの状態で始まり、十年以上が経過して、ようやく「型」ができあがった。その間、多くの学生たちの優れた演習が、教える側への大きな刺激となった。真剣に演習に向き合ってくれた学生たちに感謝したい。

理論編の担当者として「言語思考技術」に関して補足しておくことがある。図で考えることを初歩の段階で強調してきたことと関連している。図を描くことが目的ではない。内容を理解し整理するために図を描くのである。頭の中で図示できてから言語化するのが基本である。できれば初めから言語化できるのが基本であることを強調しておきたい。

この先はハヤブサ2に負けないように「言語思考技術」のさらなる深化を計りたい。

ハヤブサ2は二〇一四年に打ち上げられ、二〇一八年三月三日現在、地球から2891749820.83 km の位置にあるという。さらに本年二月二七日に目的地である小惑星リュウグウ（Ryugu）の撮影に成功した。本書の原稿がほぼ揃ったときであった。

二〇一八年三月三日

林　治郎

〈付記〉南伸坊氏には、「世界一巨大なウズラの卵」「世界最小のネコ」の写真（『笑う科学』所載）の本書への転載を御快諾いただきました。記して感謝申し上げます。

〈執筆担当〉

「第Ⅰ編」「第Ⅲ編」「第Ⅳ編」「重要事項索引」　林　治郎

「第Ⅱ編」「重要事項索引」　岡田　三津子

〈表紙挿画担当〉

「ニューロンとシナプスの図」　林　治郎

# 重要事項索引

- 言語思考技術を生かすために頭を使い手を使って考える上で重要な事項に限って項目を選んだ。目次によって分かるような大項目は意図的に省いた。
  ［例］原則 「文章を書くときの原則」は目次の「第三者に説明するための文章を書くときの原則」によって分かるので省く。
  また「言語表現技術」に関するものは一部のみを取り上げた。詳しくは『言語表現技術ハンドブック』の索引を参照。
- 見出し語の後に、その見出し語を含む語句を小見出しとして示した。
- 見出し語はアイウエオ順に配列した。
- 見出し語と一致した場合でも、言語思考技術に関わらない場合は、本索引の対象外とした。［例］「開かれた」の項には「東京オリンピックが開かれた時」は入れていない。
- 引用部分については本索引の対象外とした（ただし、本書の思考技術と関連性の高いものは例外的に採った）。

〈ア　行〉



〈カ　行〉



〈サ　行〉



〈タ　行〉



〈ナ　行〉

言語思考技術ハンドブック

2018年7月10日　初　版第1刷発行　　＊定価はカバーに表示してあります

著者の了解により検印省略

著　者　林　治郎©
　　　　岡田　三津子
発行者　植田　実
印刷者　田中　雅博

発行所　株式会社　晃洋書房
〒615-0026　京都市右京区西院北矢掛町7番地
電　話　075(312)0788番(代)
振替口座　01040-6-32280

装丁　野田和浩　　印刷・製本　創栄図書印刷㈱

ISBN978-4-7710-3084-8

## 新版　言語表現技術ハンドブック

林治郎・岡田三津子　編著

言語表現技術とは開かれた人間関係の中で第三者に説明するためのものである。文学的な香りのする文飾にたよって事実を説明するのは間違っている。わかりやすい文章を書くためには、事実を調べ事実に基づいて事柄を平明に説明する技術が必要である。

A5判　一九四頁　◎二〇〇〇円＋税

## アカデミック・ライティングの基礎

——資料を活用して論理的な文章を書く——

西川真理子・橋本信子・山下香・石黒太・藤田里実　著

大学生、社会人には、「論理的な文章を書く」ことが求められる。本書では、資料をうまく活用しながら、その中で自分の興味を発見し、「問い」を立て、自分の「主張」を読み手にきちんと伝える論理的な文章を書くことを目指したアカデミック・ライティングの基礎づくりができる。

B5判　一四〇頁　◎一七〇〇円＋税

## 社会人基礎力

——大学生の社会人準備講座——

稲本恵子・白井弘子・吉浦昌子　著

グローバル社会の中で求められる人材となることを目指し、学生時代に身に付けておきたいマナーや社会の常識をただ「知っている」のではなく、ワークシートを使って「実践できる」ことを目標にしたテキスト。重要部分に英語での説明を併記し、留学生にも理解できるように配慮した。

B5判　一〇六頁　◎一五〇〇円＋税